추락하는 일본의 출산율이 한국보다 높은 이유

정현숙

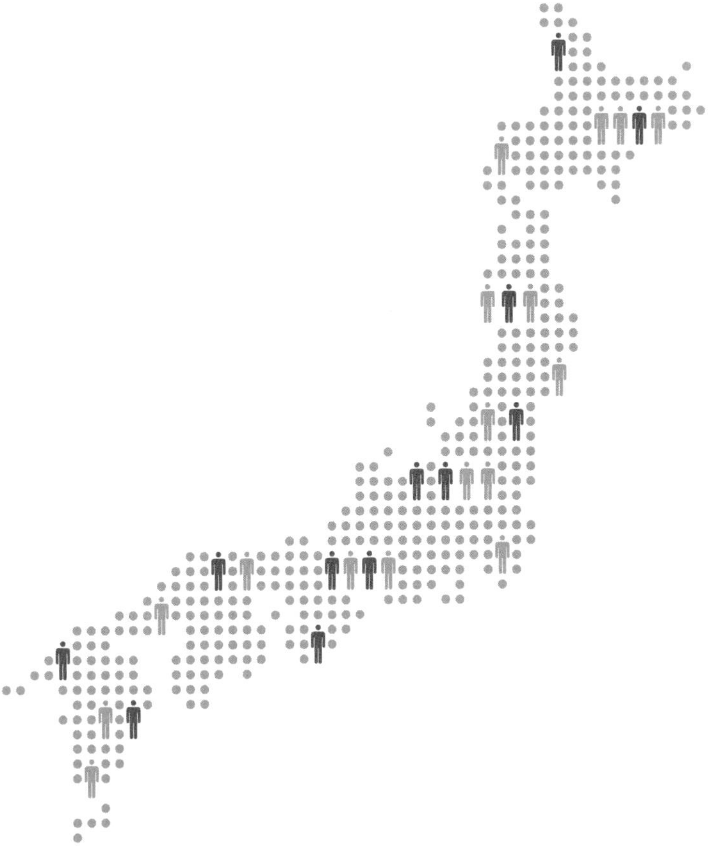

한반도미래인구연구원
Korean Peninsula Population Institute for Future

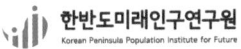

추락하는 일본의 출산율이
한국보다 높은 이유

1판1쇄 발행 | 2023년 11월 10일

지 은 이 | 정현숙
발 행 처 | 한반도미래인구연구원
발 행 인 | 정운찬
편 집 인 | 이인실
책 임 편 집 | 유혜정

등 록 번 호 | 제2023-000227호
주　　　소 | 08054 서울특별시 강남구 테헤란로 87길 36 도심공항타워 9층
전　　　화 | 070-7118-2281
홈 페 이 지 | www.kppif.org
E - m a i l | kppif@kppif.org
I S B N | 979-11-984232-2-1 03330
정　　　가 | 11,000원

◈ 낙장 및 파본 도서는 바꿔 드립니다.
◈ 이 책 내용의 전부 또는 일부를 재사용하려면 반드시 한반도미래인구연구원의 동의를 받아야 합니다.
◈ 이 책의 내용은 저자의 개인적 견해이며 한반도미래인구연구원의 공식 입장이 아님을 밝힙니다.

*제작대행: 와이에치미디어

추락하는 일본의 출산율이 한국보다 높은 이유

정현숙

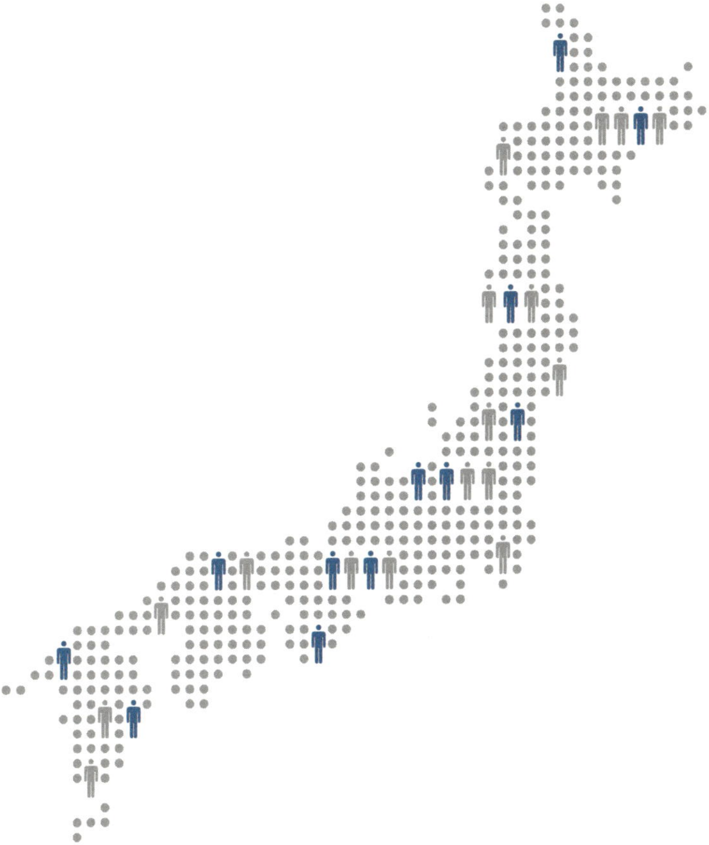

발간사

한국은 2022년 합계출산율 0.78명을 기록하며 '인구붕괴' 초읽기에 들어섰다. 저출산이 선진국의 전반적인 사회현상이라는 점을 고려하더라도 한국의 합계출산율은 유례없이 빠른 속도로 감소하고 있다. 1984년 처음으로 인구대체수준을 밑돌기 시작하여 2018년 1명대 벽을 돌파하고 8년째 연속 하락하고 있는 우리나라 합계출산율은 반등의 희망을 품기에 절망적인 수치이다.

인구는 지속적인 경제성장에 반드시 필요한 요소다. 인적자원을 바탕으로 산업 성장을 일군 우리나라에게 인구는 더욱 큰 의미가 있다. 합계출산율이 현재 수준으로 유지될 경우 20년 후인 2042년에는 생산연령인구(15~64세)가 지금보다 1,000만 명 감소하며, 노년인구(65세 이상)는 두 배 이상 증가한다. 인구부양 부담의 증가는 경제활동의 동기를 감소시켜 국가경쟁력을 크게 떨어뜨릴 것이다. 한국이 외환위기 때보다

'인구절벽'으로 인해 더 큰 경제불황을 겪을 것이라 경고했던 헤리 덴트 (Harry Dent)의 말이 현실이 되는 것이다.

저출산 해결의 실마리를 아직 찾지 못한 상황임에도 불구하고 청년층의 결혼과 출산에 대한 의향은 계속 낮아지고 있다. 한반도미래인구연구원(한미연)이 2,300명을 대상으로 실시한 '결혼·출산에 대한 인식조사' 결과는 청년세대의 생각을 그대로 보여준다. 20~39세 미혼 남녀 1,408명 중 42.8%는 결혼할 의향이 없다고 응답하였고, 절반에 가까운 47.0%가 출산 의향이 없는 것으로 나타났다. 특히 여성의 경우 비혼과 비출산 의향이 각각 50%와 57%로 남성보다 모두 약 20%p 높았다.

정부는 2006년부터 저출산 현상을 심각한 사회문제로 인식하기 시작하여 지난 17년간 332조 원을 저출산 대응 명목으로 투입했다. 그러나 합계출산율은 매년 최저 기록을 경신하고 있으며 정부의 대대적인 노력이 백화점식 부처 사업, 실효성 낮은 정책이라는 부정적인 평가를 받고 있다. 지금이라도 정부는 곳곳에 흩어져 있는 예산과 대책을 응집시켜 저출산 문제에 집중적으로 대응해야 한다. 특히 인구구조 변화로 인해 직접적인 영향을 받는 민간, 특히 기업도 저출산 문제 해결에 앞장서야 한다.

한반도미래인구연구원(한미연)은 통섭적 연구를 통해 기업이 공동체의 일원으로서 인구위기에 적극적인 역할을 수행할 수 있도록 실천 기반을 마련하고자 한다. 본 시리즈는 첫 번째 결과물로 한국보다 일찍이 인구구조 변화를 경험하고 저출산 대응책을 마련해 온 국가의 성공과 실패 사례, 특히 기업의 참여사례를 담고 있다. 이번 연구에서는 저성장과 인구위기 측면에서 '잃어버린 30년'으로 평가받는 일본의 사례를 분석하여 한국의 초저출산 문제 돌파 방안을 찾는다.

일본의 제조업 중심 산업구조와 수직적 기업 문화는 한국이 경제발전 과정에서 참고했던 모델이다. 한국과 유사한 산업구조와 문화적 배경이 있는 국가가 저출산에 대응했던 사례는 인구위기를 직면하고 있는 우리에게 시사하는 바가 크다. 특히 30년 이상 지속된 일본의 인구 문제는 우리가 무엇을 어떻게 대비해야 하는지 이정표를 제시해 줄 것이다.

세계화가 보편화되었지만 문화, 역사, 종교 등에 따라 여전히 개별 국가의 특성은 매우 독보적이며 각국의 인구정책은 이러한 특성들이 내재되어 있다. 독일, 프랑스, 일본으로 시작하는 '글로벌 인구위기와 기업 대응사례' 시리즈를 통해 다양한 국제 사례를 한국의 현실에 접목하고 새로운 시각과 해법을 모색하고자 한다. 나아가 본 연구가 오늘날의 인구위기를 슬기롭게 극복하고 통일 이후 풍요로운 미래를 구현하는 데 이바지하기를 기대한다.

2023년 11월

한반도미래인구연구원 원장

이 인 실

목 차

발간사 ... 4
들어가는 말 ... 10

1장 일본 인구문제의 과거와 현재, 미래 ... 17

다산에서 소산으로의 급격한 출생력 전환 ... 19
예견된 고령화와 대규모 인구감소 ... 23
국제 비교로 본 일본 인구문제의 특징 ... 26

2장 국가별로 다른 여성의 출산 패턴 ... 35

합계출산율을 기준으로 세계 각국을 구분한다면? ... 37
합계출산율의 차이를 가져오는 각국의 연령별 출산율 ... 42
지난 60년 동안 일어난 국가별 출산 패턴의 변화 ... 45
여성의 노동시장 진출과 출산율의 관계 ... 49

3장 일본이 초저출산 국가가 된 이유 ... 55

미혼율 증가인가, 기혼부부의 자녀 수 감소인가? ... 57
결혼하지 않는 젊은이가 빠르게 증가하는 일본 ... 61
결혼하지 않는 젊은이가 증가하는 이유 ... 68
기혼부부도 자녀 수를 줄이고 있다 ... 82

4장 일본 정부의 저출산 정책을 평가한다　　89

저출산 정책의 기본 이념　　91
저출산 정책의 핵심 내용　　97
저출산 정책이 성공하지 못한 이유　　104
해결의 과제　　112

5장 저출산 문제 해결, 기업이 나선다　　117

기업에서 실천하는 저출산 대책　　119
기업의 실천을 의무화하고 장려하는 일본 정부의 대응　　127
중소기업의 실천 사례　　133
대기업의 실천 사례　　142

6장 일본 사례가 한국에 주는 시사점　　153

저출산 문제의 근본 해법은 청년세대가 안정된 경제기반을 갖는 것　　155
일본보다 열악한 한국 청년세대의 경제기반　　161
'젊은 국가 대한민국'을 만들기 위한 과제　　166

참고문헌　　178
저출산에 대응하는 주요 정책 및 지원 프로그램　　184
세계 주요 국가 인구·경제·사회 특성　　188

들어가는 말

잘 알려진 바와 같이 일본은 심각한 인구문제를 안고 있다. 저출산, 고령화, 인구감소로 대표되는 인구문제는 지난 30년간 일본이 장기간의 침체에서 벗어나지 못하게 하는 주요 원인이 되었고, 향후 성장과 발전에도 큰 걸림돌이 되고 있다.

일본의 고령자 비율은 2022년에 29.0%로 세계에서 가장 높다. 1990년까지만 해도 일본은 유럽의 선진국보다 고령자 비율이 낮은 편이었지만 이후 고령화가 빠르게 진행되면서 2005년에 세계에서 고령자 비율이 가장 높은 나라가 되었다.

인구감소 문제도 심각하다. 일본 인구는 2008년을 정점으로 감소하기 시작해 2022년까지 14년 동안 313만 명이 감소했다. 향후 인구감소의 속도는 더욱 빨라져 2020년~2060년에 약 3,000만 명이 감소할 것으로 예상된다.[1] 더욱 심각한 문제는 인구감소의 80% 이상이 15~64세 생

1_ 인구전망치는 일본 후생노동성(厚生労働省) 산하의 국립사회보장·인구문제연구소(国立社会保障·人口問題研究所)가 2023년에 추계한 「일본의 장래추계인구(日本の将来推計人口)」에 따른 것으로 출생과 사망 중위 수준 가정 시의 추계결과이다. 이하 이 책에서 특별한 언급이 없는 한 인구전망치는 출생과 사망 중위 수준 가정 시의 추계결과이다.

산연령인구의 감소라는 점이다. 이로 인해 일본의 생산능력은 크게 저하되고, 첨단산업이나 새로운 분야에 젊은 인재를 공급하는 것에도 큰 어려움을 겪게 된다. 소비시장도 크게 위축될 수밖에 없다.

반면 65세 이상 고령자는 2040년대까지 계속 증가하기 때문에 사회보장비용의 증가로 인한 심각한 재정위기에 직면하게 된다. 지금도 일본 정부의 채무가 1,000조 엔이 넘을 정도로 재정적자의 문제가 심각한데, 1990년대 이후에 발행한 국채의 상당 부분이 사회보장비용의 부족분을 메우기 위한 것이다. 일본 정부는 국민 저항이 두려워 증세를 하지 못하고 국채 발행이라는 손쉬운 수단에 의존해왔다. 이러한 재정운영 방식이 언제까지 지속될 수 있을지 매우 불안한 상황이다.

지방의 쇠퇴와 소멸문제도 심각하다. 이미 수십 년 전부터 젊은이들이 빠져나간 농산어촌뿐만 아니라 중소도시는 고령화와 인구감소로 활기를 잃고 있다. 최근에는 인구 50만 명 이상 또는 100만 명 이상의 대도시에서도 인구감소가 일어나고 있으며, 도시 인프라의 노후화도 빠르게 진행되고 있다. 향후 인구감소가 더욱 빠른 속도로 진행되면서 2040년~2050년에는 현재 인구의 절반 수준으로 인구가 감소하는 소규모 지자체도 속출하게 된다. 이런 사태를 일본에서는 이제껏 경험하지 못한

'내정(內政) 위기'라고 부르며 불안과 초조함을 강하게 드러낸다.

현재 일본이 직면하고 있는 인구문제는 근대 이후 수십 년 동안 다산의 시대가 이어지다가 1950년대를 거치면서 빠르게 소산의 시대로 이행한 것, 그리고 1970년대 중반 이래로 인구대체수준을 밑도는 낮은 출산율이 50년 가까이 이어져오고 있는 것에 그 원인이 있다. 일본의 합계출산율[2]은 1930년에 4.72, 1947년에 4.54로 높은 수준을 유지하다가 1960년에 2.0 수준으로 하락했다. 이후 1970년대 중반까지 인구대체수준에 근접하는 안정적인 수준을 보이다가 다시 하락하기 시작해 2022년에 1.26을 나타내고 있다.

이처럼 한 사회가 인구대체수준을 크게 넘어서는 높은 출산율에서 인구대체수준 이하의 낮은 출산율로 빠르게 전환하게 되면 필연적으로 급격한 고령화와 대규모 인구감소가 일어난다. 높은 출산율이 지속되었던 시대에 태어난 대규모 인구집단이 65세 이상 고령자가 되면서 고령화가 빠르게 진행되고, 이들이 사망하는 시점에서는 사망자 수가 크게 증가해 인구의 자연감소가 일어나기 때문이다. 더욱이 오랫동안 지속된 저출산으로

2_ 이 책에서는 출산율과 합계출산율을 같은 의미로 사용했다. 단, 통계수치를 명확히 지칭하는 경우에는 합계출산율로 표기했다. 또한 합계출산율의 단위인 '명'은 편의상 생략했다.

인해 출생자 수가 크게 줄었기 때문에 사망자 수와 출생자 수의 차이가 커져 인구의 자연감소 규모가 커지게 된다. 유럽에 비해 고령화의 출발점이 늦었던 일본이 유럽의 선진국들을 앞질러서 심각한 고령화와 인구감소 문제를 안게 된 것은 단기간에 출산율이 빠르게 감소한 것에 그 원인이 있다.

일본 정부가 이러한 사태에 대해 손을 놓고 있었던 것은 아니다. 일본 정부는 1980년대 말에 고령화에 대비한 골드플랜을 책정해 고령자 복지 서비스의 기반을 강화하고자 했다. 또한 1994년에는 저출산 문제에 대응한 엔젤플랜을 제시해 향후 10년간 육아지원의 기본방향을 제시했다. 이후에도 저출산, 고령화에 대응한 여러 법률을 제정하고 다양한 지원프로그램을 시행했다.

그렇지만 일본 정부의 대응에도 불구하고 앞에서 언급한 바와 같이 일본의 출산율은 계속 하락했고, 출생아 수도 계속 감소했다. 2022년에 출생아 수는 77만 명으로 가장 많은 수를 기록했던 1949년의 3분의 1에 못 미치는 수준이다. 이러한 심각한 사태에 위기감을 느낀 기시다내각에서는 지금까지와는 차원이 다른 수준으로 저출산 문제를 해결해나간다는 입장을 표명했고, 이를 위한 구체적인 정책을 검토하고 있다.

한편 지자체와 민간기업, 시민단체도 저출산 문제 해결에 나서고 있다. 일본에서는 오래 전부터 지자체와 지역주민, 시민단체가 협력해 젊은 남녀의 만남을 주선하는 결혼지원활동을 벌여왔다. 또한 대기업뿐만 아니라 중소기업에서도 사원의 출산을 장려하고, 충실한 출산·육아 지원 제도와 유연한 근로방식 등을 도입해 일과 가정의 양립을 지원하는 회사가 늘고 있다.

이런 노력들이 저출산 문제를 개선하는 데 일정 부분 기여했다고 평가할 수 있다. 물론 일본의 출산율은 지난 20년 동안 1.2~1.4 수준에 머물러 있어 아직 갈 길이 멀다. 그렇지만 일본의 출산율이 프랑스와 스웨덴 등 출산과 육아 지원에 적극적인 유럽 국가보다는 낮지만 한국이나 싱가포르, 타이완 등 아시아의 극초저출산 국가보다 높은 수준을 유지할 수 있는 배경에는 일본 정부와 지자체, 민간기업의 노력이 있었다고 볼 수 있다.

이와 같은 전 국민적인 실천이 한국에도 절실하게 필요하다. 저출산 문제는 정부뿐만 아니라 지자체, 기업, 시민단체, 전 국민 모두가 함께 나서야 하는 중대한 사안이기 때문이다. 한국은 일본보다 낮은 출산율로 인해 일본보다 고령화의 속도가 빠르고 향후 인구감소도 빠르게 진행된다. 따라서 일본이 어떤 점에서 저출산 대응에 실패했으며, 어떤 점에서 배울 점이 있는지 꼼꼼히 들여다 볼 필요가 있다.

이런 문제의식에서 출발해 이 책에서는 일본의 저출산 현황과 그 원인을 살펴본다. 그리고 저출산 문제를 해결하기 위한 일본 정부와 민간 기업의 대응을 살펴보고, 그 성과와 한계를 분석한다. 이 책이 한국의 인구문제 해법을 모색하는 데 조금이나마 도움이 되었으면 좋겠다.

글로벌 인구위기와 기업 대응사례 02

1장
일본 인구문제의 과거와 현재, 미래

- 다산에서 소산으로의 급격한 출생력 전환　　19
- 예견된 고령화와 대규모 인구감소　　23
- 국제 비교로 본 일본 인구문제의 특징　　26

일본의 인구문제를 이해하기 위해서는 그 출발점이라고 할 수 있는 근대로 거슬러 올라가 논의를 시작할 필요가 있다. 근대 이후 일본은 인구폭발을 경험했는데, 1872년부터 2008년까지 인구가 3.7배 증가했다. 이것은 근대 이후 출생아 수가 빠르게 증가하는 다산의 시대가 수십 년간 이어졌기 때문인데, 다산의 시대를 거쳐 일본은 1960년경에 소산의 시대로 빠르게 이행했다. 현재 일본이 직면한 인구문제의 근원은 다산에서 소산으로의 급격한 출생력 전환에서 찾을 수 있다.

이 장에서는 근대 이후 150년 동안 전개된 일본 인구문제의 역사적 변천과정을 고찰하고, 향후 전망을 제시한다. 이를 통해 근대화를 먼저 경험했던 유럽의 선진국이 아니라 일본이 왜 인구문제의 선두국가가 되었는지를 규명한다.

01
다산에서 소산으로의 급격한 출생력 전환

일본은 근대 이후 인구폭발을 경험했다. 근대국가가 들어선 이후 처음으로 실시된 1872년의 호적조사에서 일본 인구는 3,480만 명을 기록했는데, 이후 매년 빠르게 증가해 1950년에 8,411만 명이 되었고, 인구의 정점에 이른 2008년에는 1억 2,808만 명을 나타냈다. 136년 동안 약 3.7배 증가한 셈이다.

[그림 1]은 일본의 고대시대에 해당되는 800년부터 2100년까지의 인구추이와 전망을 제시한 것이다. 고대 이후 일본 인구는 서서히 증가하다가 에도막부가 성립한 1603년부터 1700년대 초반까지 큰 폭으로 증가한 이후 150년 동안 정체상태를 나타내고 있다.

그렇지만 근대 이후에는 그 이전과 확연하게 다른 모습을 보이고 있다. 일본 인구는 매년 큰 폭으로 증가해 가파른 봉우리를 형성한 뒤 다시

[그림 1] 일본 인구의 장기추이와 전망

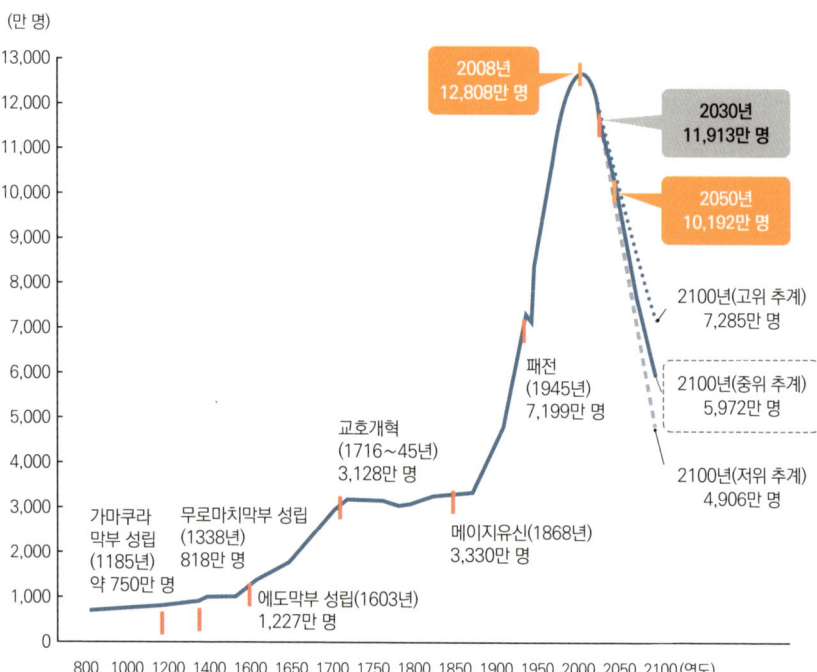

자료: 히로이 요시노리(広井良典), 『인구감소사회의 디자인(人口減少社会のデザイン)』(2019), p.40.
주: 2020년부터는 국립사회보장·인구문제연구소의 「일본의 장래추계인구」(2017년 추계).

가파르게 감소할 것으로 예상된다. 2020년부터는 전망치인데 여기에서는 고위, 중위, 하위의 추계치를 제시했다. 저위 추계의 경우 2100년에 일본 인구는 1910년 수준으로 회귀한다. 고위 추계의 경우에도 1945년 패전 직후의 수준으로 회귀한다. 근대 이후 그야말로 인구 격변의 시대가 펼쳐지고 있다.

이처럼 근대 이후 일본 인구가 빠르게 증가할 수 있었던 것은 매년 사망자 수를 크게 웃도는 출생자 수가 있었기 때문이다. 출생자 수는 1872년에 56.9만 명을 나타내다가 1880년에 88.4만 명, 1890년에 114.5만 명으로 해를 거듭할수록 증가했다. 그리고 1900년에 142.1만 명, 1910년에 171.3만 명, 1920년에 202.6만 명으로 증가했고, 이후 증가 수는 둔화되었지만 1930년에 208.5만 명, 1940년에 211.6만 명, 1950년에 233.8만 명으로 한 해에 200만 명 이상의 아이가 태어나는 시기가 30년 동안 이어졌다.

출생자 수가 정점에 이른 것은 제2차 세계대전이 끝난 직후인 1947년~1949년이다. 이 시기에는 전쟁으로 인해 억제되었던 출산 욕구가 분출되어 3년 동안 매년 260만 명이 넘는 아이가 태어났다. 이것을 제1차 베이비붐이라고 한다.

그렇지만 1960년경에 일본은 한 여성이 4~5명의 아이를 낳는 다산의 시대에서 2명 정도의 아이를 낳는 소산의 시대로 넘어간다. 마치 롤러코스터를 타고 내려가듯 1950년대를 거치면서 출생자 수는 빠르게 감소했다.

그러다가 제1차 베이비붐 시기에 태어난 세대가 1970년대 초중반에 집중적으로 출산에 돌입하면서 제2차 베이비붐이 도래했다. 제2차 베이비붐으로 인해 1971년~1974년에 매년 200만 명이 넘는 아이가 태어났지만 이는 일시적인 증가에 그쳤을 뿐 이후 출생자 수는 빠르게 감소했다.

2018년에는 한 해 출생자 수가 91만 명을 나타내 처음으로 100만 명을 밑돌았고, 2020년에는 90만 명 이하를 나타냈으며, 2022년에는 77만 명으로 더욱 감소했다.

다산에서 소산으로의 전환은 합계출산율에서도 확인할 수 있다. 합계출산율은 1930년에 4.72, 1940년에 4.12를 나타내다가 제1차 베이비붐 시기인 1947년에 4.54로 상승했다. 그렇지만 이후 빠르게 감소해 1960년에 2.0으로 하락했고, 이후 안정적인 수준을 보이다가 1970년대 중반부터 다시 하락하기 시작해 1975년에 1.91, 1990년에 1.54, 2020년에 1.33, 2022년에 1.26으로 지속적으로 하락했다.

이처럼 근대 이후 일본에서 나타난 출생과 관련된 급격한 변화를 인구전환론(Demographic Transition Theory)의 관점에서 설명할 수 있다. 인구전환론은 서구 각국의 역사적 경험으로부터 도출된 귀납적 이론으로 그 핵심은 근대화와 산업화를 경험한 사회에서는 인구변화의 패턴이 다산다사(多産多死)에서 다산소사(多産少死)를 거쳐 소산소사(少産少死)로 이행한다는 것이다. 이러한 인구변화의 패턴을 출생에 초점을 두어서 이야기한다면 한 사회의 출생력이 높은 수준에서 낮은 수준으로 이행하는 것인데, 이를 가리켜 출생력 전환(Fertility Transition)이라고 한다.

02
예견된 고령화와 대규모 인구감소

한 사회가 다산의 시대에서 소산의 시대로 빠르게 전환하면 필연적으로 급속한 고령화와 대규모 인구감소가 발생한다. 다산이 이어지던 시기에는 같은 해 또는 비슷한 시기에 태어난 인구집단이 큰 규모를 형성하는데, 이들 인구집단이 65세가 되면 고령인구에 편입되어 고령자 비율을 높인다. 또한 이들이 사망하는 시점에서는 대규모 사망이 발생해 인구의 자연감소를 초래한다. 다산의 시대에 태어난 대규모 인구집단과 소산의 시대 또는 그 이후에 태어난 소규모 인구집단의 수적인 차이가 고령화와 인구감소의 양상을 결정하게 된다.

일본에서 고령화가 빠르게 진행되기 시작한 시기는 1990년대이다. 1990년에 65세 고령인구에 편입된 출생집단은 1925년생인데, 1925년을 전후해 30년 동안 일본에서는 매년 200만 명 규모로 아이가 태어났다.

이런 점에서 1990년대 이후에 진행되었던 급속한 고령화는 과거 수십 년 전에 있었던 다산의 결과를 그대로 반영한다.

한편 고령자의 사망 시기에 주목하면, 다산의 시기에 태어난 대규모 인구집단이 집중적으로 사망에 이르는 시점에서 사망자 수가 빠르게 증가하는 것을 볼 수 있다. 반면 수십 년 전부터 이어져 온 저출산의 영향으로 출생자 수는 꾸준히 감소해 왔기 때문에 사망자 수와 출생자 수의 차이가 크게 벌어져 인구의 자연감소 수가 커진다.

그런데 일단 인구가 감소하기 시작하면 마치 가속도가 붙은 것처럼 감소 속도가 빨라진다. 이는 인구구조의 변화에 따른 일종의 관성과 같은 것으로 이러한 특성을 인구학에서는 인구모멘텀(Population Momentum)이라고 부른다.[3] 이는 합계출산율이 인구대체수준을 밑도는 상태가 장기간 지속되면 아이를 낳을 수 있는 인구(재생산연령인구)의 절대수가 그들의 부모 세대보다 적어지기 때문에 일어난다. 따라서 인구감소의 늪에 빠지면 합계출산율을 인구대체수준 이상으로 끌어올린다 하더라도 인구감소는 당장 멈추는 것이 아니라 상당 기간 이어진다.

1990년대 이후 일본의 사망자 수는 빠르게 증가하고 인구 1,000명당 사망자 수를 나타내는 사망률도 꾸준히 증가했다. 국립사회보장·인구

3_ 인구모멘텀은 증가와 감소 두 가지 방향으로 작동한다. 장기간 합계출산율이 인구대체수준을 상회하는 상태가 이어지면 합계출산율이 인구대체수준으로 떨어져도 당분간은 인구증가가 이어진다. 이번에는 반대로 재생산을 할 수 있는 인구의 절대수가 그들의 부모 세대보다 많아지기 때문이다.

문제연구소의 향후 출생자 수와 사망자 수의 장래추계(2023년 추계)에 따르면, 사망자 수는 2040년에 166.5만 명으로 증가한 이후 2070년에 152.1만 명으로 감소할 것으로 예상된다. 반면 출생자 수는 지속적으로 감소하기 때문에 사망자 수와 격차가 벌어지면서 인구가 감소한다. 인구의 자연감소 규모가 2010년에는 -12.6만 명이었지만 2021년에 -62.8만 명, 2040년에 -94.7만 명, 2070년에 -102.1만 명으로 커진다. 지금 당장 합계출산율을 인구대체수준 이상으로 높인다고 해도 출생자 수를 크게 늘리는 일은 불가능하다. 따라서 당분간 인구의 자연감소가 가속화되는 상황을 피할 수 없다.

03
국제 비교로 본
일본 인구문제의 특징

그렇다면 왜 일본이 인구위기의 선두국가가 된 것인지 국제비교를 통해 그 이유를 살펴보기로 하자. 이하에서는 산업혁명이 빨랐기 때문에 인구폭발을 먼저 경험했던 서유럽이나 북유럽 국가가 아닌 일본이 왜 선두에서 인구문제를 겪고 있는지 데이터를 통해 확인해본다.

유럽보다 고령화의 속도가 빨랐던 일본

고령화는 유럽 선진국에서 먼저 시작되었다. 산업화가 빨랐던 유럽에서는 고령자 비율이 7%에 도달하는 나라가 꽤 일찍부터 등장했다. 프랑스는 1864년, 스웨덴은 1887년이라는 매우 이른 시기에 고령화 사회에 도달했고, 영국은 1929년, 독일은 1932년에 고령화 사회에 도달했다. 이들 국가가 고령자 비율 14%에 도달한 시기는 1970년대인데, 프랑스는 1979년, 스웨덴은 1972년, 영국은 1975년, 독일은 1972년에 고령사회에 진입했다(『高齡社会白書』 2018년에서 인용).

일본은 이들 국가들보다 뒤늦은 1970년에 고령화 사회에 도달했고, 1994년에 고령사회에 도달했다. 앞에서 언급한 유럽의 선진국들이 길게는 115년, 짧게는 40년 걸린 데 반해 일본은 불과 24년 만에 고령화 사회에서 고령사회에 진입한 것이다. 한편 한국은 2000년에 고령화 사회에 도달했고, 2017년에 고령사회에 도달해 일본보다도 더욱 단기간인 17년 만에 고령화 사회에서 고령사회로 진입했다.

[그림 2]는 세계 주요국의 고령화 추이를 나타낸 것이다. 먼저 일본과 서구 국가를 비교해보면, 일본의 고령화 속도가 다른 나라들에 비해 빠른 것을 알 수 있다. 1990년까지만 해도 일본의 고령자 비율은 가장 낮은 수준이었지만 이후 가파르게 상승해 2005년에는 모든 국가들을 앞지르게 되었다. 그리고 이후에도 가파르게 상승해 2060년에도 가장 높은 수준을 나타낼 것으로 예상된다.

일본보다 빠르게 고령화가 진행되는 아시아 국가

한편 일본과 아시아 국가를 비교하면, 한국과 싱가포르가 일본을 바짝 뒤쫓는 것을 볼 수 있다. 특히 한국은 2050년에 일본을 추월해 세계

[그림 2] 세계 주요국의 고령자 비율의 추이

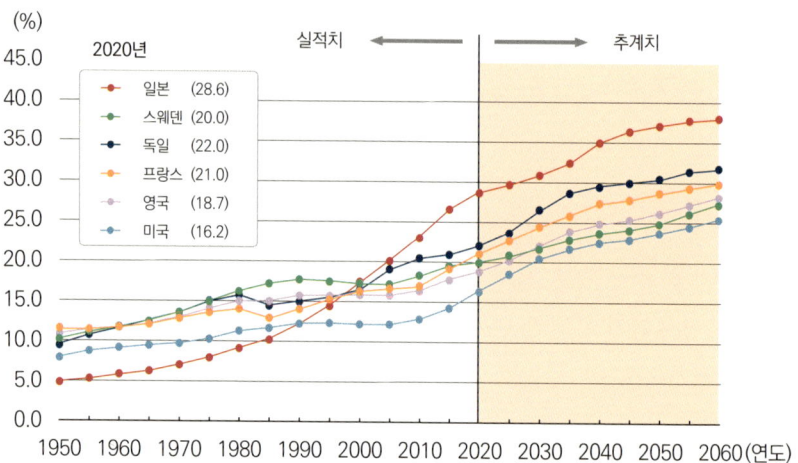

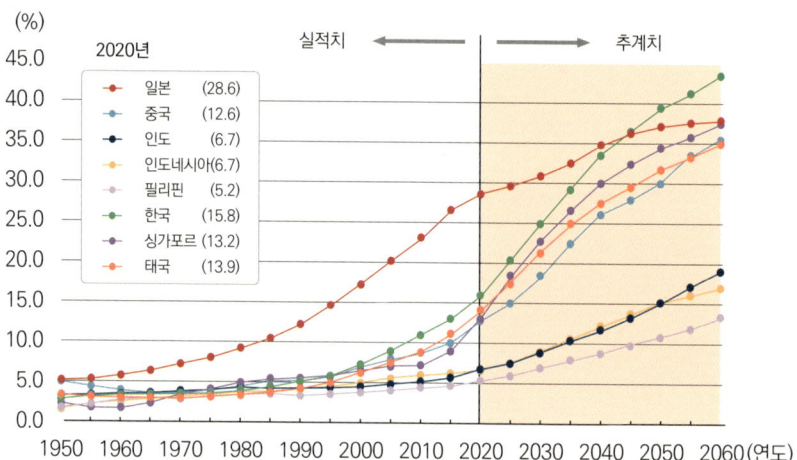

자료: 내각부(內閣府)(2023), 『고령사회백서(高齢社会白書)』, p.7.
주: 1) 일본은 2020년까지는 총무성(総務省)의 「국세조사(国勢調査)」, 2025년부터는 국립사회보장·인구문제연구소의 「일본의 장래추계인구」(2023년 추계).
 2) 그 외 국가는 UN, World Population Prospects: The 2022 Revision.

에서 가장 고령자 비율이 높은 나라가 된다. 싱가포르도 고령자 비율이 가파르게 상승해 2060년에 일본과 거의 비슷한 수준을 나타낸다. 한국과 싱가포르는 일본보다 30년 정도 늦게 고령화 사회에 진입했지만 고령자 비율이 가파르게 상승하고 있다는 점에 주목할 필요가 있다.

한국과 싱가포르 다음으로 고령화가 빠르게 진행되는 국가는 중국과 태국이다. 2060년에 이들 국가의 고령자 비율은 30%를 넘어설 것으로 예상되는데, 이는 프랑스, 영국, 스웨덴, 미국보다 높은 수준이다.

이처럼 고령화의 속도와 그 수준이 나라마다 다르다. 산업화가 빨랐던 서구 국가는 일찍부터 고령화를 경험했지만 그 속도가 완만해 1970년대에 고령사회에 진입한 이후에도 상대적으로 고령화가 서서히 진행되고 있다. 반면 일본보다 뒤늦게 산업화에 돌입한 한국, 싱가포르, 중국은 고령화의 속도가 매우 빠르다. 특히 한국은 일본보다 고령화의 출발점이 30년 정도 늦었지만 그 속도가 매우 빨라 2050년에 일본을 추월한다. 이런 점에서 향후 고령화는 아시아의 후발국에서 더욱 심각한 문제가 된다.

유럽보다 늦었지만 그 속도가 빨랐던 일본의 출생력 전환

유엔의 인구통계(World Population Prospects 2019)를 이용해 1950년대 중반부터 2010년대 후반까지 세계 각국의 합계출산율의 추이를 살펴보면, 불과 60년이라는 짧은 기간에 아프리카 및 아시아, 중남미 대륙의 일부 국가를 제외한 전 세계 다수 국가에서 합계출산율이 빠르게 감소한 것을 볼 수 있다. 과거에 한 여성이 5~6명의 아이를 출산하는 것이 일반적이었던 시대에서 2명 내지 2명 이하의 아이를 낳는 시대로 바뀌고 있는 것이다.

또한 이러한 추세는 선진국에서 먼저 시작되어 중진국으로 확산되었고, 유럽에서 먼저 시작되어 아시아와 중남미 대륙으로 단기간에 확산되었다. 이런 점에서 인구전환론에서 말하는 다산에서 소산으로의 출생력 전환이 근대화와 산업화를 경험한 국가에서 보편적으로 나타나는 현상임을 유엔의 합계출산율 데이터를 통해 확인할 수 있다.

다만 산업화가 빨랐던 서유럽과 북유럽 국가는 이미 1930년대에 다산에서 소산으로 출생력 전환을 이루었다. 프랑스는 유럽에서도 일찍이 19세기 초부터 다산에서 소산으로 출생력 전환이 시작되어 합계출산율이 저하했다(阿藤, 2000). 영국과 독일에서는 제1차 세계대전 이후 합계출산율이 저하하기 시작해 1930년대에 한 여성이 평생 동안 낳는 자녀수가 2명 미만이 되었다(Morland, 2019). 스웨덴도 마찬가지로 1930년대에 유럽에서 최저 수준의 조출생률을 나타낼 정도로 저출산 문제가 심각했다(藤田, 2009).

반면 일본은 산업화가 늦었던 만큼 다산에서 소산으로 출생력 전환의 시기가 유럽 국가들보다 늦었지만 출생력 전환의 속도가 빨랐다. 앞에서도 언급한 바와 같이 패전 직후 높은 수준을 유지하던 합계출산율이 빠르게 감소하면서 일본은 1960년경에 확실하게 소산의 시대로 전환했다.

특히 인공임신중절을 허용한 일본 정부의 조치가 일본의 출생력 전환을 앞당겼다. 일본 정부는 패전국가 일본이 빈곤국가가 될 것을 우려해 1948년에 인공임신중절을 허용했는데, 이로 인해 1949년에 10만 건이었던 중절 건수는 1953년에 100만 건을 돌파했고, 이후 1961년까지 매년 100만 건을 넘었다. 이처럼 인공임신중절이 전 국민적으로 행해진 결과 일본은 세계에서 유례가 없는 단기간에 소산의 단계로 이행했다. 제2차 세계대전 이후 미국과 영국, 프랑스 등 다른 선진국에서 베이비붐이 1960년대 중반까지 이어진 데 반해, 일본에서는 베이비붐이 1950년대 초반에 종료되었다.

출생력 전환에서 일본을 단기간에 추월한 아시아 국가

한국이나 싱가포르에서 고령화가 일본보다 30년 정도 늦게 시작된 것은 다산에서 소산으로의 출생력 전환이 늦게 이루어졌기 때문이다. 이러한 차이를 잘 보여주는 것이 [그림 3]이다.

이를 보면 1950년대 중반 시점에서 일본의 합계출산율은 이미 3.0 수준으로 낮지만 아시아 5개국의 합계출산율은 6.0을 전후한 수준으로 매우 높다. 그렇지만 이후 이들 5개국의 합계출산율은 급격히 하락해 1980년대 또는 1990년대 시점에서 인구대체수준을 밑돌고 있다. 일본보다 더

[그림 3] **일본과 아시아 5개국의 합계출산율 추이**

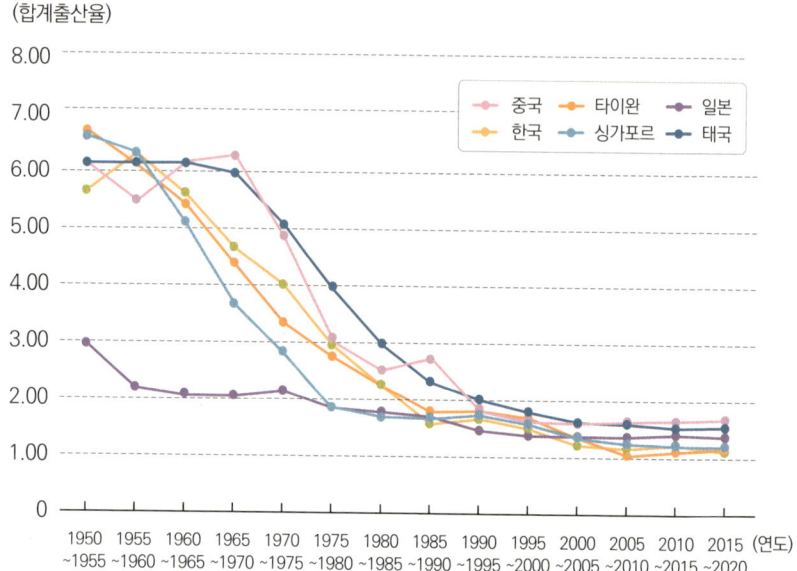

자료: UN, World Population Prospects 2019.

늦게 경제개발에 착수한 이들 국가에서 그야말로 단기간에 매우 빠르게 다산에서 소산으로 출생력 전환이 일어났다.

같은 맥락에서 [표 1]에서는 일본과 비교해 아시아 국가(홍콩은 특별행정구)에서 합계출산율이 얼마나 빠르게 감소했는지를 제시했다. 합계출산율이 5.0에서 2.1로 저하하는 데 걸린 기간을 보면, 일본이 31년 걸린 데 반해 타이완은 20년, 한국과 중국은 19년, 태국은 18년, 홍콩은 16년, 싱가포르는 14년이 걸렸다. 이들 아시아 국가들이 일본보다 10년 이상

[표 1] 아시아 주요국의 출생력 전환기간(합계출산율 5.0 → 2.1로 저하)

국명	출생력 전환기간	시작 연도 (합계출산율 5.0)	종료 연도 (합계출산율 2.1)
일본	31년	1926년	1957년
타이완	20년	1965년	1985년
한국	19년	1966년	1985년
중국	19년	1972년	1991년
태국	18년	1973년	1991년
홍콩	16년	1964년	1980년
싱가포르	14년	1962년	1976년

자료: 와카바야시 게이코(若林敬子), 「근년에 보는 동아시아의 저출산고령화(近年にみる東アジアの少子高齢化)」(2006), p.98.

짧은 기간에 출생력 전환을 이루었음을 알 수 있다.

또 하나 주목할 점으로 일본은 합계출산율이 5.0을 나타낸 시기가 1926년인데 반해 아시아의 다른 국가들은 그 시기가 1960년대와 1970년대 시점으로 일본보다 훨씬 늦다는 것이다. 그리고 합계출산율 2.1에 도달한 시기도 일본은 1957년인데 반해 다른 아시아 국가들은 1980년대 또는 1990년대로 일본보다 20년 이상의 시간 차이가 있다.

이처럼 아시아 각국에서 합계출산율이 단기간에 급격히 하락할 수 있었던 배경에는 각국 정부의 적극적인 산아제한정책이 그 효과를 발휘했기 때문이다. 국가가 나서서 인위적으로 출산율을 낮추려는 정책을 펼쳤고, 이에 국민들이 적극적으로 호응하면서 단기간에 출산율을 낮추는 데 성공했다.

문제는 출산율 저하가 그 뒤로도 이어져 인구대체수준을 밑도는 낮은 출산율이 지속되고 있다는 점이다. 특히 한국과 싱가포르는 일본보다도 출산율이 낮다. 일본보다 단기간에 급격한 형태로 출산율이 하락한 만큼 향후 한국을 비롯한 아시아 국가에서는 일본보다 심각한 형태로 인구문제를 겪게 된다.

글로벌 인구위기와 기업 대응사례 02

2장

국가별로 다른 여성의 출산 패턴

- 합계출산율을 기준으로 세계 각국을 구분한다면?   37
- 합계출산율의 차이를 가져오는 각국의 연령별 출산율   42
- 지난 60년 동안 일어난 국가별 출산 패턴의 변화   45
- 여성의 노동시장 진출과 출산율의 관계   49

현재 대다수 선진국 또는 발전국가에서 출산율은 인구대체수준을 밑돌고 있으며, 출산연령이 뒤로 늦춰지는 만산화 경향이 나타나고 있다. 이는 여성의 고학력화가 진행되고 노동시장 진출이 활발해지면서 나타나는 보편적인 현상이다.
그렇지만 상대적으로 합계출산율이 높은 국가에서는 30대 초반에서 높은 출산율을 나타내고 20대 중후반에서도 높은 출산율을 유지하고 있다. 반면 합계출산율이 극단적으로 낮은 국가에서는 30대 초반에서 출산율이 낮을 뿐만 아니라 20대 중후반에서도 출산율이 매우 낮다.
이 장에서는 여성의 연령별 출산율에 주목해 세계 주요국의 출산 패턴에는 어떤 차이가 있으며, 그 차이의 배경에 어떤 요인이 관련되어 있는지를 분석한다.

01
합계출산율을 기준으로 세계 각국을 구분한다면?

현재 선진국을 비롯한 세계 여러 나라에서 직면하고 있는 인구문제는 저출산 현상이 지속되고 있는 것이다. 유엔의 인구통계를 이용해 세계 각국의 합계출산율을 보면 2.1 이하인 국가가 많다. 1장에서도 언급한 바와 같이 인구대체수준 이하의 합계출산율이 장기간 지속되면 필연적으로 인구구조의 고령화가 진행되고 인구가 지속적으로 감소한다.

이처럼 세계 여러 나라에서 인구대체수준을 밑도는 저출산 현상이 지속되자 세계 인구학자들은 저출산의 추이와 그것이 가져오는 파급효과에 주목했다. 인구대체수준을 밑도는 정도에 따라 세계 각국을 몇 개의 그룹으로 구분하는 시도도 하고 있다.

캘드웰(John C. Caldwell)과 쉰들마이어(Thomas Schindlmayr)는 합계출산율 1.5를 기준으로 1.5 미만인 경우를 '매우 낮은 출산(Very Low

Fertility)' 국가로 구분한다(Caldwell and Schindlmayr, 2003). 빌러리(Francesco C. Billari)와 콜러(Hans-Peter Kohler)는 합계출산율 1.3 미만인 경우를 '극단적으로 낮은 출산(Lowest-Low Fertility)' 국가로 구분하기도 한다(Billari and Kohler, 2002).

이러한 구분을 차용해 여기에서는 첫 번째 그룹으로 합계출산율 1.5 이상 2.1 미만인 국가를 '저출산 국가'로 칭한다. 유엔의 2019년 인구통계를 인용해 합계출산율(2015년~2020년 평균치)이 높은 순으로 해당 국가를 나열하면 뉴질랜드(1.90), 프랑스(1.85), 스웨덴(1.85), 호주(1.83), 미국(1.78), 덴마크(1.76), 영국(1.75), 브라질(1.74), 벨기에(1.71), 중국(1.69), 노르웨이(1.68), 네덜란드(1.66), 칠레(1.65) 등이 있다. 독일(1.59)은 최근 합계출산율이 증가하면서 이 그룹에 포함되었다.

두 번째 그룹으로 합계출산율 1.3 이상 1.5 미만인 국가를 여기에서는 '초저출산 국가'로 칭하기로 한다. 여기에 해당되는 국가로는 세르비아(1.46), 크로아티아(1.45), 우크라이나(1.44), 폴란드(1.42), 일본(1.37), 스페인(1.33), 이탈리아(1.33), 그리스(1.3) 등이 있다.

세 번째 그룹으로 합계출산율 1.3 미만인 국가를 여기에서는 '극초저출산 국가'로 칭한다. 여기에 해당되는 국가로는 포르투갈(1.29), 보스니아·헤르츠고비나(1.27), 푸에르토리코(1.22), 싱가포르(1.21), 타이완(1.15), 한국(1.11) 등이 있다.

이처럼 우리가 합계출산율의 차이에 주목하는 이유는 그것이 고령화

속도와 인구감소의 속도에 영향을 미치기 때문이다. [그림 4]는 인구대체수준의 의미를 이해하기 쉽도록 세 개의 유형으로 나누어 설명한 것이다. 이것은 국립사회보장·인구문제연구소의 사토 류자부로(佐藤龍三郎)의 「저출산의 의미: 인구학적 관점에서(少子化の意味: 人口学的観点から)」라는 논문에서 인용한 것인데, 여기에서는 이해하기 쉽도록 1세대에 10명의 인구를 가정했다.

그림 (A)는 합계출산율이 인구대체수준인 경우이다. 이 경우에는 부모 세대와 자식 세대의 인구가 늘지도 줄지도 않는 정지인구(靜止人口) 상태를 나타낸다.

그림 (B)는 합계출산율이 3명인 경우이다. 3명은 2.1명의 약 1.4배에 해당되기 때문에 출생자 수는 두 세대를 거치면서 2배로 증가(1.4×1.4≒2)하는 경향을 보인다. 앞에서 언급한 유엔의 인구통계(2015년~2020년 평균치)에서 살펴본 중진국의 합계출산율 2.33보다는 높고 후진국의 합계출산율 4.0보다는 낮은 수준이다.

그림 (C)는 합계출산율이 1.5명인 경우이다. 1.5명은 2.1명의 약 70%이기 때문에 출생자 수는 두 세대를 거치면서 절반으로 감소(0.7×0.7≒0.5)하는 경향이 있다. 이것은 유엔의 인구통계에서 살펴본 선진국의 합계출산율 1.64보다 약간 낮은 수준이다.

이러한 계산 방식으로 합계출산율이 0.8명인 경우를 살펴보면, 0.8명은 2.1명의 약 38%에 해당하기 때문에 두 세대를 거치면서 5분의 1 이하

[그림 4] 인구대체수준의 설명도

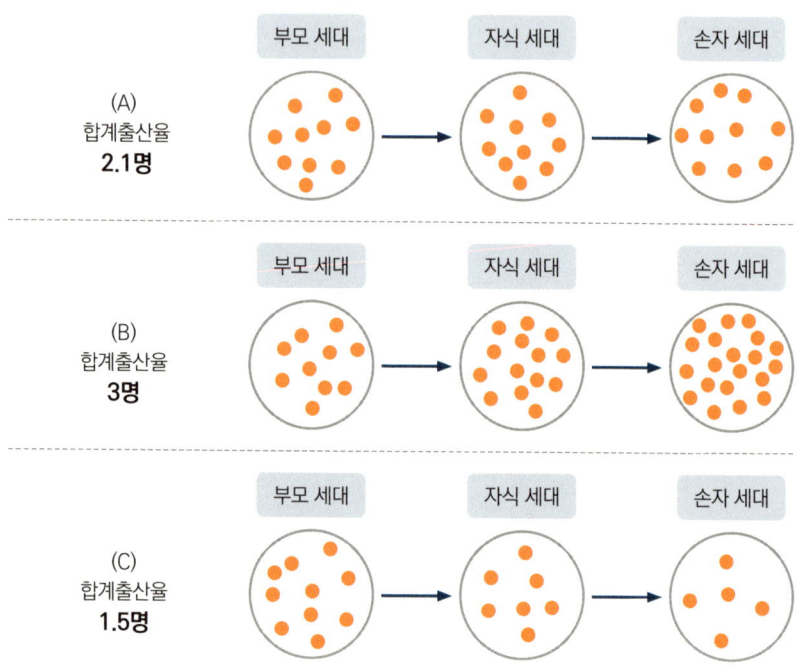

자료: 사토 류자부로, 「저출산의 의미: 인구학적 관점에서」(2004), p.8.

(0.38×0.38≒0.14)로 감소한다. 다시 말하면 부모 세대에 10명이 태어났다면 자식 세대에는 와서는 3.8명, 손자 세대에 와서는 1.4명의 아이가 태어나는 것을 의미한다. 이런 점에서 최근 0.8 이하의 합계출산율을 나타내는 한국의 상황이 얼마나 심각한 것인지를 알 수 있다.

결론적으로 말하자면 [그림 4]는 인구대체수준을 하회하는 한 인구는 지속적으로 감소할 수밖에 없다는 것을 매우 분명하게 보여준다. 그리고 이러한 경향이 장기간 이어지면 세대를 거듭하면서 인구가 매우 큰 폭으로 감소하고, 결국 소멸할 수밖에 없다는 것을 명확히 제시한다. 특히 1.0 이하의 극단적으로 낮은 합계출산율이 지속된다면 한국의 인구소멸이 현실이 될 것이라는 점을 잘 보여준다.

02
합계출산율의 차이를 가져오는
각국의 연령별 출산율

그렇다면 이번에는 국가별 출산상황을 좀 더 구체적으로 이해하기 위해 여성의 연령별 출산율을 살펴보기로 하자. 여성의 연령별 출산율은 출산율 하락의 원인을 찾는 데 중요한 단서를 제공한다. 여성의 라이프코스를 결정하는 데 중요한 영향을 미치는 출산이 어느 연령일 때 주로 일어나고 있으며, 시대 흐름과 더불어 그 연령 시기가 어떻게 바뀌고 있는지를 보여주기 때문이다.

연령별 출산율(Age-Specific Fertility Rate: ASFR)은 가임 연령에 해당되는 15세에서 49세까지 여성의 출산율을 1세 단위로 나타낸 것이다. 각 연령에 해당되는 여성이 한 해에 몇 명의 아이를 낳았는지를 비율로 나타낸다. 이러한 연령별 출산율을 15세에서 49세까지 모두 합한 것을 합계출산율(Total Fertility Rate: TFR)이라고 하며, 이 수치를 한 여성이 일생 동안 낳을 것으로 예상되는 자녀 수를 나타내는 지표로 간주해 사용한다.

[그림 5]에서는 유엔의 인구통계를 이용해 합계출산율의 차이가 큰 6개국의 연령별 출산율을 제시했다. 2020년을 기준으로 각국의 합계출산율은 한국 0.84, 싱가포르 1.1, 일본 1.33, 영국 1.56, 스웨덴 1.67, 프랑스 1.79로 국가 간 차이가 크다.

우선 그림에서 알 수 있듯이 6개국을 크게 세 개의 그룹으로 구분할 수 있다. 전 연령대에서 출산율이 높은 국가로 프랑스와 스웨덴이 있고, 전 연령대에서 출산율이 낮은 국가로 싱가포르와 한국이 있다. 이 두 그룹의 중간에 영국과 일본이 있다.

각국의 출산율이 가장 높은 연령대를 보면 국가마다 다소 차이가 있다. 그 연령이 프랑스와 스웨덴은 30세인데 반해, 싱가포르는 31세, 한국은 32세이다. 합계출산율이 낮은 국가일수록 출산이 늦어지고 있음을 알 수 있다.

또 하나 주목할 점은 출산율이 높은 국가와 낮은 국가 간의 차이가 전 연령대에서 매우 뚜렷하게 나타난다는 점이다. 특히 20대 중반에서 30대 초반에 이르기까지의 연령대에서 그 차이가 매우 크다. 20대 중반에 한국이나 싱가포르에서는 출산이 거의 이루어지지 않는다고 할 정도로 낮다. 30대 중반에 와서 그 차이는 좁혀지지만 그래도 여전히 연령별 출산율에서 차이가 있다.

[그림 5] 주요국 여성의 연령별 출산율(2020년)

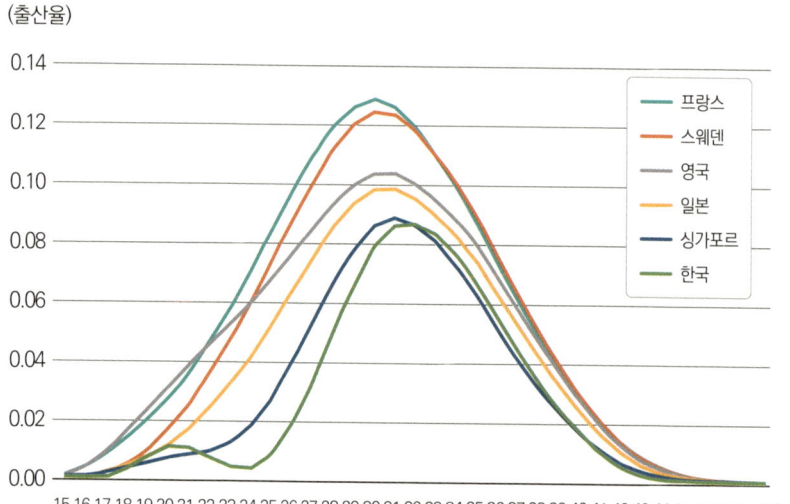

자료: UN, World Population Prospects 2022.

결국 이 그림이 보여주는 것은 선진국 또는 발전국가에서 출산시기가 뒤로 늦춰지는 만산화가 진행되고 있다고는 하나 합계출산율이 높은 프랑스나 스웨덴과 같은 나라에서는 20대 중후반에서도 출산이 활발하게 일어나고 있다는 점이다. 따라서 합계출산율을 높이고자 할 때 20대 중후반에서의 출산율을 유지하는 것이 여전히 중요하다는 것을 알 수 있다. 특히 한국이나 싱가포르의 경우 20대 중후반에서 출산율을 지금보다 높은 수준으로 올리지 않으면 저출산 문제는 해결하기 어렵다.

03
지난 60년 동안 일어난 국가별 출산 패턴의 변화

그렇다면 지난 60년 동안 여성의 연령별 출산율에는 어떤 변화가 있었는지를 살펴보기로 하자. [그림 6]은 합계출산율이 상대적으로 높은 국가로 프랑스와 스웨덴, 합계출산율이 낮은 국가로 일본과 한국의 연령별 출산 패턴의 변화를 살펴본 것이다. 1960년부터 2020년까지 지난 60년 동안 일어난 연령별 출산율의 변화를 제시했다. 각 국가별 특징을 살펴보면 다음과 같다.

스웨덴의 연령별 출산율의 변화를 보면 가장 큰 특징으로 지난 60년간 큰 변화 없이 출산연령이 뒤로 늦춰지는 만산화 경향이 나타난다는 점이다. 출산율이 가장 높은 출산 정점 연령은 1960년의 25세에서 2020년의 30세로 5세 정도 높아지고 있지만 연령별 출산율의 모습이 그대로 유지되면서 합계출산율도 높은 수준을 유지하고 있다. 스웨덴의 합계출

[그림 6] 주요국 여성의 연령별 출산율의 추이

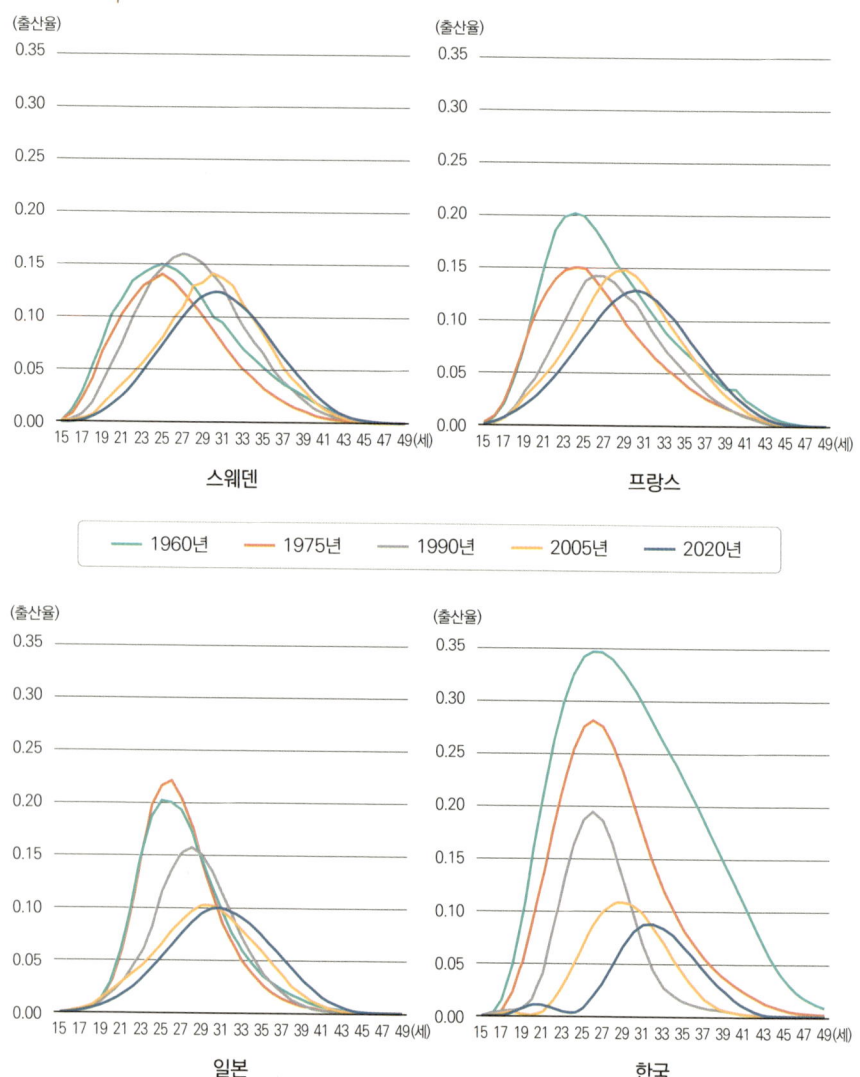

자료: UN, World Population Prospects 2022.

산율은 1960년에 2.17에서 1975년에 1.78로 하락한 후 1990년에 와서 다시 2.14로 증가했다. 그리고 2005년에 1.77, 2020년에 1.67로 다시 하락했지만 그래도 여전히 높은 수준을 유지하고 있다.

프랑스는 스웨덴과 달리 1960년과 1975년 사이에 20대에서 전체적으로 출산율이 크게 하락했고, 30대 초중반에서도 출산율이 하락했다. 그 결과 합계출산율은 1960년에 2.7에서 1975년에 1.96으로 크게 하락했다. 1975년 이후에는 출산연령이 뒤로 늦춰지는 만산화가 진행되었지만 연령별 출산율의 모습이 그대로 유지되고 있다. 따라서 합계출산율은 1990년에 1.78, 2005년에 1.92, 2020년에 1.79로 연도에 따른 차이는 있지만 안정적인 수준을 유지하고 있다.

반면 일본은 스웨덴, 프랑스와는 다른 모습을 나타낸다. 20대에서 높았던 출산율이 출산연령이 뒤로 늦춰지는 만산화와 더불어 계속해서 하락하는 경향이 2005년까지 이어진다. 다시 말하면 20대에서 하락한 출산율이 30대에 와서 회복되지 않고 있는 것이다. 그 결과 합계출산율은 1960년에 2.0, 1975년에 1.91로 큰 차이가 없지만 이후 크게 하락해 1990년에 1.54, 2005년에 1.26, 2020년에 1.33을 나타낸다.

한국은 더욱 극적으로 60년 동안 전 연령대에서 출산율이 크게 하락하는 모습을 보인다. 1960년에 20대 중반을 정점으로 전 연령대에서 높은 출산율을 나타내다가 1975년을 거쳐 1990년이 될 때까지 전 연령대에서 출산율이 크게 하락했다. 특히 이 기간 동안 20대 중반부터 40대 중반에 이르는 연령대까지 출산율이 크게 하락한 것을 볼 수 있는데, 이는 기혼여성이 출산 자녀 수를 크게 줄인 것에 기인한다. 이 기간 동안 다산의 시대에서 소산의 시대로 빠르게 이행해갔음을 알 수 있다.

1990년 이후의 변화는 출산연령이 뒤로 늦춰지는 만산화와 더불어 20대에서 출산율이 크게 하락하는 모습을 나타낸다. 그리고 20대에서 하락한 출산율은 30대에 와서 회복되지 못하고 있다. 더욱이 이러한 하락은 2005년에 그치지 않고 2020년까지도 계속 이어지고 있어 일본보다 상황이 심각하다. 그 결과 합계출산율은 1960년에 6.0에서 1975년에 3.43, 1990년에 1.57, 2005년에 1.09, 2020년에 0.84로 매우 빠르게 하락했다.

04
여성의 노동시장 진출과 출산율의 관계

그렇다면 국가별로 살펴본 연령별 출산율의 차이가 어디에서 비롯된 것인지를 생각해보자. 프랑스나 스웨덴과 비교해 일본이나 한국에서는 왜 20대 중후반과 30대 초반에서 출산율이 낮은가? 특히 한국이 일본보다도 더 낮은 이유를 어디에서 찾을 수 있을까?

출산율에 영향을 미치는 요인은 여러 가지가 있기 때문에 단순화시켜 결론을 내릴 수는 없다. 그렇지만 분명한 것은 여성의 출산연령이 뒤로 늦춰지는 만산화 현상은 여성의 노동시장 진출과 밀접한 관련이 있다는 점이다. 만산화는 여성의 고학력화가 진행되고 노동시장 진출이 활발해지면서 선진국 또는 발전국가에서 나타나는 보편적인 현상이다.

그렇다면 각국 여성의 노동시장 진출이 어느 정도로 일어나고 있는지 살펴보기로 하자. [그림 7]은 세계 주요국 여성의 경제활동참가율을 연령별로 나타낸 것이다. 연령별 경제활동참가율은 일반적으로 노동시장에 진입하는 20대 초반에서 높아지고 이후 일정한 비율을 유지하다가 고령으로 노동시장에서 은퇴하는 60대에 다시 낮아지는 역U자형을 나타낸다. 남성은 전형적으로 이러한 역U자형을 나타낸다.

[그림 7]을 보면 스웨덴은 전 연령대에서 경제활동참가율이 가장 높고 20대 후반부터 50대 후반까지 일정한 비율을 유지하고 있다. 독일과 프랑스는 스웨덴에 비해 대부분의 연령대에서 경제활동참가율이 조금

[그림 7] **주요국 여성의 연령별 경제활동참가율(2021년)**

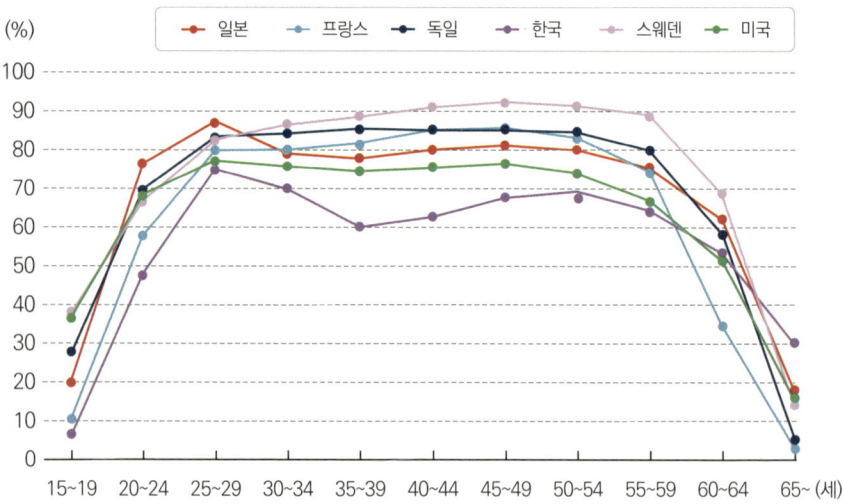

자료: 내각부, 『남녀공동참획백서(男女共同参画白書)』(2022), p.127.
주: 일본은 총무성(総務省)의 「노동력조사(労働力調査)」(2021년). 그 외 국가는 ILO의 ILOSTAT.
한국·미국은 2021년, 프랑스·독일·스웨덴은 2020년.

낮지만 역시 마찬가지로 역U자형을 나타낸다. 미국도 마찬가지이다.

일본은 30대 이후 연령에서 경제활동참가율이 스웨덴이나 프랑스, 독일보다 조금 낮은 수준이다. 또한 20대에서 높았던 경제활동참가율이 30대에 낮아지다가 40대에 약간 상승하는 모습을 나타낸다. 이는 출산이나 육아를 계기로 노동시장에서 빠져나가는 여성이 있어 발생하는 현상이다. 예전에는 그 비율이 크게 떨어졌다가 자녀 양육이 어느 정도 끝나는 시점에서 다시 크게 상승했기 때문에 이를 M자형 취업곡선이라고 불렀다. 2021년 시점에서 그 비율이 떨어졌다가 다시 회복하는 정도의 차가 크게 줄어든 것을 볼 수 있다.

한편 한국은 60대 이전까지 모든 연령대에서 경제활동참가율이 가장 낮다. 그리고 20대 후반에 가장 높았던 경제활동참가율이 30대에 와서 크게 하락했다가 다시 상승하는 M자형 취업곡선의 모습도 뚜렷하다. 이런 점에서 아직까지 여성의 경제활동이 출산이나 육아로부터 자유롭지 않음을 알 수 있다.

일반적으로 여성의 경제활동이 활발해지면 출산율이 낮아질 것으로 생각하기 쉽다. 여성이 경제활동을 하게 되면 일과 출산·육아를 병행하는 데 어려움을 겪기 때문이다. 일과 가정을 양립하기 어려워 일을 그만두게 된다면 여성의 입장에서는 커다란 기회비용을 치르는 것이 된다. 따라서 여성의 노동시장 진출이 활발해지면서 결혼을 미루거나 결혼을 해도 아이를 적게 낳는 여성이 많아질 것이라는 게 일반적인 통념이다.

그런데 OECD 회원국을 대상으로 한 여성의 경제활동참가율과 합계출산율 사이에는 주목할 만한 경향이 보인다. OECD 통계를 이용한 츠츠이 준야(筒井淳也) 교수의 분석에 따르면, 1971년 시점에서는 일본을 포함한 대다수 국가에서 여성의 경제활동참가율이 높을수록 합계출산율이 낮아지는 결과가 나타난다(筒井, 2015). 반면 40년 뒤인 2011년 데이터에서는 여성의 경제활동참가율이 높을수록 합계출산율이 높아지는 정반대의 결과가 나타난다.

이러한 상관관계의 역전이 나타나는 이유에 대해 츠츠이 교수는 스웨덴이나 프랑스 등의 유럽 국가에서 여성의 노동시장 참여를 전제로 일과 육아의 양립을 지원하는 정책을 펼친 것이 경제활동참가율과 합계출산율의 관계가 플러스의 상관관계를 나타내게 된 배경이라고 해석했다. 이에 대해서는 다른 연구자들도 같은 해석을 하고 있다. 이는 여성이 안정적인 상황에서 경제활동을 할 때 결혼이나 출산도 주체적으로 한다는 것을 보여주는 것이라고 볼 수 있다.

이러한 해석을 받아들여 [그림 6]으로 되돌아가서 각국의 연령별 출산율의 차이를 설명하면 다음과 같다. 스웨덴과 프랑스에서 출산하는 연령이 뒤로 늦춰졌을 뿐 합계출산율이 크게 하락하는 현상이 발생하지 않은 것은 일과 가정의 양립을 지원하는 시스템이 잘 작동하는 것으로 볼 수 있다. 반면 일본과 한국에서 출산연령이 뒤로 늦춰졌지만 30대에 와서 출산율이 회복되지 못하고 낮은 수준에 머물러 있는 것은 일과 가정의 양립이 여전히 어렵다는 것을 의미한다. 특히 한국은 거의 모든 연령대에서 여성의 경제활동참가율이 낮으면서 동시에 모든 연령대에서 출산율이 낮다는 점에서 아직 갈 길이 멀다는 것을 보여준다.

글로벌 인구위기와 기업 대응사례 02

3장

일본이 초저출산 국가가 된 이유

- 미혼율 증가인가, 기혼부부의 자녀 수 감소인가?   57
- 결혼하지 않는 젊은이가 빠르게 증가하는 일본   61
- 결혼하지 않는 젊은이가 증가하는 이유   68
- 기혼부부도 자녀 수를 줄이고 있다   82

그렇다면 이제 일본의 저출산 문제에 좀 더 깊게 파고들어가 일본이 왜 초저출산 국가가 되었는지 그 원인을 분석해보기로 하자. 일본의 합계출산율은 1960년경에 다산에서 소산으로 출생력 전환이 일단락된 이후 일시적인 안정을 보였다. 그러다가 1970년대 중반에 인구대체수준을 하회한 이후 계속해서 하락했는데, 이를 가리켜 '제2의 출산율 저하'라고 부른다.

그렇다면 일본은 출생력 전환이 일단락된 이후에 왜 이렇게 지속적으로 출산율이 하락한 것일까? 여기에는 어떤 사회경제적 배경이 있는가? 그리고 향후 출산율은 반등할 수 있을까? 이런 물음들에 답하기 위해 이 장에서는 출산율이 하락한 원인을 미혼자와 기혼자로 나누어 분석한다.

01
미혼율 증가인가, 기혼부부의 자녀 수 감소인가?

지금까지 살펴본 연령별 출산율이나 합계출산율은 미혼자와 기혼자를 구분하지 않고 산출한 수치이다. 가임기에 해당되는 15~49세의 여성 모두를 대상으로 각각의 연령에서 한 해에 몇 명의 아이를 낳았는지를 수치로 나타낸 것이 연령별 출산율이고, 이 연령별 출산율을 모두 합한 것이 합계출산율이다. 따라서 연령별 출산율이나 합계출산율의 저하가 결혼을 하지 않은 미혼여성이 늘어서 발생한 것인지, 아니면 기혼여성이 아이를 적게 낳아서 생긴 것인지를 구분하기 어렵다. 이 두 가지를 구분해 제대로 규명하지 않으면 저출산의 원인을 잘못 진단해 현실과 동떨어진 대책을 제시할 수 있다.

일본에서 있었던 출산율 저하는 크게 두 가지로 구분할 수 있다. '제1의 출산율 저하'는 패전 직후의 베이비붐을 거친 후 출산율이 급격히 떨어지다가 1960년경에 바닥을 형성한 것, 즉 다산에서 소산으로 출생력 전환을 이룬 것을 말한다. 그리고 '제2의 출산율 저하'는 1960년대에 출산율이 일시적인 안정기를 보이다가 1970년대 중반부터 다시 하락하기 시작한 것을 말한다.

두 번의 출산율 저하는 그것을 주도한 층이 다르다는 점이 중요하다. 제1의 출산율 저하는 기혼여성이 자녀 수를 줄이는 방식으로 일어났는데, 20대 중반에서 40대 초반의 여성에 이르기까지, 그리고 농촌과 도시를 불문하고 전국적으로 출산율이 빠르게 하락했다. 이는 일본 정부가 1948년에 인공임신중절을 허용하고, 이후 가족계획사업을 실시해 전 국민이 자발적으로 산아제한을 하도록 권장한 것이 큰 성과를 거두면서 일어난 일이다.

이러한 현상을 가리켜 가족사회학자 오치아이 에미코(落合惠美子)는 '재생산평등주의'라고 불렀다(落合, 1997). 오치아이 교수는 고도성장기에 대부분의 여성들은 24세에 결혼해 전업주부가 되고, 아이를 2~3명 낳아 자녀를 사랑하고 관리하는 어머니가 되었다고 지적했다. 남편은 밖에서 가족을 위해 열심히 일하고 아내는 집에서 남편을 내조하며 아이들에게 애정을 쏟는 가족상, 이것이 바로 고도성장기에 보통의 일본인들이 따라가고자 했던 근대가족의 이상적인 모습이었다.

그렇지만 이러한 가족상은 서서히 바뀌어 나갔고 그 변화를 초래한 중요한 요인 중의 하나가 바로 미혼자의 증가였다. 뒤의 [그림 8]에서 확인하는 바와 같이 1970년대 이후 일어난 젊은이의 미혼율 증가가 출산율 저하로 이어졌다.

인구학자들은 1970년대 중반부터 진행된 출산율 하락의 원인을 밝히고자 활발하게 연구를 진행했다. 출산율 하락이 결혼을 하지 않은 미혼여성이 늘어서 발생한 것인지, 아니면 기혼여성이 아이를 적게 낳아서 생긴 것인지 두 개 요인을 분리해 출산율 하락의 진짜 원인을 규명하고자 했다.

국립사회보장·인구문제연구소의 이와사와 미호(岩澤美帆)는 동일 출생연도 집단(코호트)을 대상으로 한 시뮬레이션 분석을 통해 결혼에 대한 행동 변화(결혼하지 않고 미혼인 상태로 있는 것)와 결혼 후 부부의 출산행동의 변화(자녀 수를 줄이는 것)가 합계출산율 저하에 어느 정도로 영향을 미치고 있는가를 정량적으로 분석했다(岩澤, 2002).

그 분석결과를 보면, 1970년대부터 1990년대 초반까지 있었던 합계출산율의 지속적인 저하는 대부분이 결혼에 대한 행동 변화, 즉 미혼율 증가에 따른 것이다. 그리고 1990년대에 들어와서는 결혼한 부부의 출산행동의 변화도 합계출산율 저하에 영향을 미치고 있는데, 기혼부부가 자녀 수를 줄임으로써 합계출산율을 더욱 낮추고 있다. 이와사와는 구체적인 수치로 그 영향력을 제시했는데, 1970년대부터 2000년에 이르기까지 있었던 합계출산율 저하의 약 70%는 미혼율 증가에 의한 것이고, 나머지 30%가 기혼부부의 출산 자녀 수 저하에 따른 것이라고 보았다. 이러한 결론과 더불어 만약 이 기간에 기혼부부의 출산 자녀 수 저하가 전혀 없었더라면 2000년 시점에서 일본의 합계출산율은 1.56까지 상승할 수 있었을 것이라는 예측치도 제시했다. 2000년에 실제 합계출산율은 1.36이었다.

02
결혼하지 않는 젊은이가 빠르게 증가하는 일본

모두가 결혼했던 시대가 끝나가고 있다

그렇다면 일본에서 결혼하지 않는 젊은이는 어느 정도로 늘고 있는가? [그림 8]에서는 1920년부터 5년 간격으로 행해진 국세조사 자료를 이용해 미혼율을 남녀별·연령별로 제시했다.

이 그림에서 눈에 띠는 점은 1920년부터 2020년까지 100년이라는 기간 동안 일관되게 남녀 모두에서 미혼율이 상승했다는 것이다. 20~24세, 25~29세의 미혼율 증가는 이미 1920년대부터 시작되었는데, 남녀 간의 격차가 크다.

먼저 남자의 경우를 보자. 20~24세의 미혼율은 1920년에 70%였는데 그 비율이 계속 상승해 1960년에 90%에 도달한 이후 큰 변화가 없다.

25~29세의 미혼율은 1920년에 30%가 안 되었지만 계속 상승해 2000년에 70%에 도달한 이후 큰 변화가 없다. 이런 변화를 거치면서 2000년이 되면 20대에 결혼하는 남성은 소수가 되었다.

그렇지만 적어도 1970년까지는 30~34세의 미혼율은 10%에 불과하고, 35~39세의 미혼율도 5%에 불과해 대다수 남성은 30대까지는 결혼을 하는 것이 일반적이었다. 따라서 1970년까지는 50세 시점에서 지금까지 한 번도 결혼한 적이 없는 사람의 비율을 의미하는 생애미혼율도 매우 낮다. 이러한 통계 수치에 의거해 이 시기를 모두가 결혼하는 시대라는 의미에서 개혼시대(皆婚時代)라고 부른다. 결혼연령이 뒤로 늦춰지고는 있었지만 대다수 남성이 결혼을 했던 시대가 1970년대의 상황이다. 근대 이후 신분제의 장벽이 사라지면서 모두가 결혼하는 개혼시대가 시작되었는데, 그것이 1970년대까지 이어진 것이다.

그런데 1970년 이후 30~34세의 미혼율이 빠르게 상승해 2020년에는 50%를 넘어섰다. 1980년 이후 35~39세에서도 미혼율이 빠르게 상승해 2020년에는 40%에 근접하고 있다. 이처럼 미혼율이 계속 증가하면서 2020년에는 생애미혼율이 28%로 증가했다.

여성의 경우는 어떠한가? 여성도 큰 틀에서는 남성과 비슷한 추세를 나타낸다. 20~24세의 미혼율은 1920년만 해도 30% 정도였지만 계속 증가해 2000년에는 90%에 근접하고 있다. 25~29세의 미혼율은 1920년에 10%에 불과했지만 1970년에는 20% 수준이 되었다. 이는 1970년

[그림 8] 일본의 미혼율의 추이

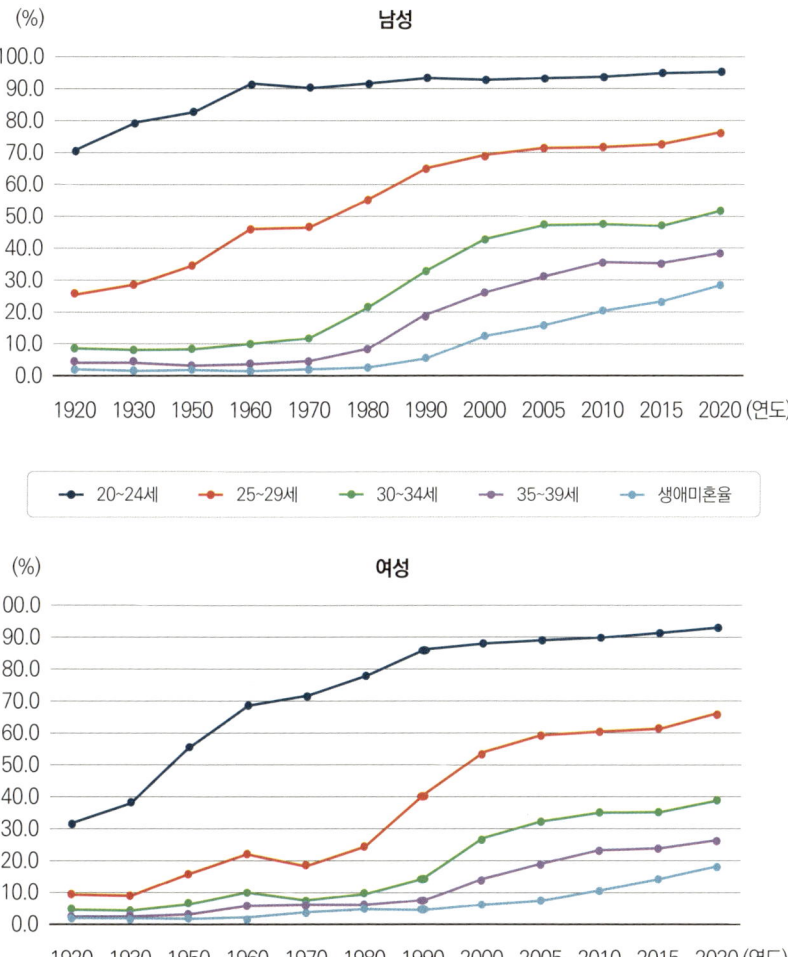

자료: 원 자료는 「국세조사」. 국립사회보장·인구문제연구소의 「인구통계자료집(人口統計資料集)」(2022)
[표 6-24]를 이용해 작성.
주: 생애미혼율은 45~49세의 미혼율과 50~54세 미혼율의 평균치.

까지만 해도 적어도 여성의 80%는 29세까지는 결혼을 하고 있었다는 의미이다.

그렇지만 1970년 이후 미혼율이 빠르게 상승한다. 25~29세의 미혼율은 크게 상승해 2005년에 60%에 이르렀고 2020년에는 70%에 근접하고 있다. 30~34세의 미혼율은 1990년에 10%를 넘어섰고 2020년에는 38%가 되었다. 35~39세의 미혼율도 1990년 이후 상승하기 시작해 2020년에 30%에 근접하고 있다.

이처럼 30대 연령의 미혼율이 증가하면서 여성의 경우에도 50세 시점에서 생애미혼율이 증가하고 있다. 생애미혼율은 1970년까지만 해도 낮은 수준이었지만 2020년에는 18%나 된다. 남성보다는 그 비율이 낮지만 여성에서도 50세가 될 때까지 결혼을 하지 않은 사람이 꾸준히 증가하고 있다.

이상으로 살펴본 바와 같이 20대와 30대 남녀의 결혼 행동에는 커다란 변화가 있다. 특히 1970년대 이후 1980년대, 1990년대를 거치면서 큰 변화가 일어나고 있다. 1970년대까지는 개혼시대가 이어지고 있었지만 이후에는 만혼이나 비혼으로 가는 사람이 빠르게 증가하고 있다.[4] 여기

---

[4] 미혼율이 상승하면서 평균 초혼연령도 꾸준히 상승하고 있다. 후생노동성의 「인구동태통계」에 따르면, 남성은 1950년에 25.9세, 1970년에 26.9세, 2000년에 28.8세, 2020년에 31.0세로 상승했다. 여성은 1950년에 23.0세, 1970년에 24.2세, 2000년에 27.0세, 2020년에 29.4세로 상승했다. 70년 동안 남자는 5.1세, 여자는 6.4세 상승했다. 참고로 통계청 자료에 따르면, 2020년 한국의 초혼연령은 남자 33.2세, 여자 30.8세로 남녀 모두 일본보다 높다.

에는 적극적으로 비혼을 선택하는 자발적 비혼도 있지만 결혼을 미루다가 결과적으로 비혼이 되는 비자발적 비혼도 상당수 있다.

국립사회보장·인구문제연구소는 2018년 추계에서 생애미혼율이 2040년에 남성은 29.5%, 여성은 18.7%가 될 것으로 예측했다(內閣府a, 2020). 그런데 이미 2020년 시점에서 이러한 예측치와 비슷한 생애미혼율이 나타나고 있음을 [그림 8]에서 확인할 수 있다.

일본보다 미혼율의 증가 속도가 빠른 한국

그렇다면 이번에는 한국과 일본의 상황을 비교해보자. [표 2]에서는 한일 비교를 위해 한국과 일본의 미혼율을 남녀별로 제시했다. 일본의 경우는 [그림 8]에서 살펴본 바 있는 국세조사 결과를 그대로 다시 제시했다.

이를 보면 한국의 미혼율 증가 속도가 매우 빠르다는 점이 눈에 띈다. 1995년 시점에서 34세 이하의 연령대(남성 20~24세 제외)에서 한국은 일본보다 미혼율이 낮은 수준이었지만 단기간에 빠르게 상승해 2020년 시점에서는 일본을 크게 앞서게 되었다. 이는 남성과 여성 모두에서 나타나는 현상이다.

한편 35세 이상의 연령대(35~39세, 40~44세, 45~49세)에서는 2020년 시점에서 남녀 모두 한국이 일본보다 아직까지 낮은 수준이지

[표 2] 한국과 일본의 미혼율 (단위: %)

남성

	한국			일본		
	1995년	2015년	2020년	1995년	2015년	2020년
20~24세	96.3	98.8	99.2	93.3	95.1	95.7
25~29세	64.4	90.0	92.2	67.4	72.8	76.4
30~34세	19.4	55.8	65.9	37.5	47.3	51.8
35~39세	6.6	33.0	37.8	22.7	35.2	38.5
40~44세	2.7	22.5	27.1	16.5	30.0	32.2
45~49세	1.3	13.9	20.4	11.3	25.9	29.9

여성

	한국			일본		
	1995년	2015년	2020년	1995년	2015년	2020년
20~24세	83.3	96.8	98.0	86.8	91.5	93.0
25~29세	29.6	77.3	82.0	48.2	61.7	65.8
30~34세	6.7	37.5	46.0	19.7	34.9	38.5
35~39세	3.3	19.2	23.2	10.1	24.0	26.2
40~44세	1.9	11.3	14.7	6.8	19.4	21.3
45~49세	1.0	6.4	9.8	5.6	16.2	19.2

자료: 1) 한국 – 통계청 「인구주택총조사」.
　　　2) 일본 – 총무성의 「국세조사」.

만 단기간에 빠르게 증가하고 있다는 점에 주목할 필요가 있다. 34세 이하의 연령대에서 미혼율이 빠르게 증가하고 있기 때문에 그 영향으로 10년 뒤, 20년 뒤에는 35세 이상의 연령대에서도 미혼율이 빠르게 상승하는 현상이 일어난다. 미혼율 상승은 합계출산율 저하로 이어지는데, 미혼율이 빠르게 상승하면서 향후 합계출산율은 더욱 하락할 것으로 예상된다.

03
결혼하지 않는 젊은이가
증가하는 이유

그렇다면 이번에는 1970년대 이래로 젊은이들 사이에서 미혼율이 왜 이렇게 빠르게 증가했으며, 이러한 추세가 앞으로도 이어질 것인지에 대해 분석해보자.

젊은 남녀가 만나서 결혼에 이르기까지는 많은 요인들이 영향을 미친다. 결혼은 당사자에게 일생일대의 중요한 선택이기 때문에 쉽게 결정을 내리기 어렵다. 그리고 결혼할 의사가 있다고 해도 이를 받아줄 수 있는 결혼 상대자가 있어야 하며, 둘의 만남을 이어 주는 매칭시스템도 잘 기능해야 한다. 나아가 안정적인 결혼생활을 뒷받침할 수 있는 경제적 여건도 결혼을 결정하는 데 영향을 미친다.

이하에서는 결혼 결정에 영향을 미치는 핵심요인으로서 남성 측 요인과 여성 측 요인을 구분해 살펴보고, 이 둘의 만남을 연결해 주는 매칭시스템과 결혼에 대한 젊은이의 의식 변화에 대해 살펴본다.

고용 지위가 불안정한 남성 젊은이의 증가

결혼하지 않은 젊은이는 남성이 여성보다 더 많다. 미혼율의 추이에서 확인한 바와 같이 30대, 40대의 미혼율뿐만 아니라 생애미혼율도 남성이 여성보다 높다.

그렇다면 왜 남성의 미혼율이 더 높은 것일까? 남성 젊은이 중에 고용 지위가 불안정한 사람들이 증가하고 있기 때문이다. 일본 경제가 잘 나가던 고도성장기까지만 해도 완전고용에 가까운 상태가 지속되는 가운데 남성은 연공서열형 임금구조와 승진시스템 속에서 안정적인 지위를 누릴 수 있었다. 1970년대에 발생한 두 차례의 오일쇼크를 계기로 일본이 저성장기로 진입한 이후에도 비정규직은 주로 기혼 여성이나 남성 고령층을 대상으로 해서 증가했다.

그런데 1990년대 이후 장기간의 경기침체가 이어지는 가운데 비정규직 남성 젊은이가 크게 증가했다. 이는 경제적으로 불안정해서 장래를 전망할 수 없는 젊은이가 증가하는 것을 의미한다. 2010년대에 와서 일본 경제가 다소 침체에서 벗어난 이후에도 남성 노동자 중에서 비정규직의 비율은 꾸준히 증가하는 추세이다.

「노동력조사(労働力調査)」 결과를 이용해 2022년 남성의 비정규직 비율을 연령별로 살펴보면, 15~24세에서 19.9%(학생 제외), 25~34세에서 14.3%, 35~44세에서 9.3%를 나타낸다. 이를 인원 수로 나타내면 15~24세(학생 제외)에서 33만 명, 25~34세에서 80만 명, 35~44세에서 59만 명으로 인구감소로 인력부족 상태가 이어지고 있는 최근에도 결코 적지 않은 청년 및 중년 남성들이 비정규직으로 일하고 있다.

이처럼 혼자의 수입으로는 가족을 부양할 수 없는 비정규직 남성 젊은이가 증가하면서 결혼을 하지 못하는 젊은이가 증가하고 있다. [표 3]은 젊은이 사이의 격차가 만들어내는 냉혹한 현실을 잘 보여주는데, 남성의 경우 정규직과 비정규직 간에 미혼율의 차이가 확연하다. 비정규직의 미혼율은 상당히 높으며, 그 차이는 20대뿐만 아니라 30대, 40대, 50대에도 그대로 이어진다. 생애미혼율도 정규직이 16.6%인데 반해 비정규직은 50.7%로 압도적으로 높다. 이러한 수치에서 알 수 있듯이 정규직과 비정규직은 고용신분제가 되어 결혼할 수 있는 사람과 그렇지 않은 사람을 나누고 있다.

반면 여성의 경우는 남성과 정반대라는 점이 흥미롭다. 여성은 비정규직보다 정규직의 미혼율이 모든 연령대에서 높으며, 그 비율이 40대, 50대에서도 상당히 높다. 그리고 같은 연령대의 정규직 남성과 비교할 때 그 비율이 높다는 점도 주목할 만하다. 정규직 여성의 생애미혼율은 22.1%로 상당히 높다.

[표 3] 일본 남녀의 정규직과 비정규직의 미혼율 (단위: %)

	남성		여성	
	정규직	비정규직	정규직	비정규직
20~24세	91.2	97.5	95.4	92.2
25~29세	66.6	89.3	75.1	60.7
30~34세	38.4	78.3	49.1	34.0
35~39세	26.8	71.6	36.9	20.3
40~44세	22.6	65.8	30.9	13.6
45~49세	18.8	56.9	25.7	9.8
50~54세	14.4	44.5	18.5	6.9
55~59세	10.5	29.8	12.8	5.1
생애미혼율	16.6	50.7	22.1	8.3

자료: 아라카와 가즈히사(荒川和久)(2017), 「여성이 직면하는 '일할수록 결혼할 수 없는 현실: 미혼화는 저임금 남성만이 원인이 아니었다(女性が直面する '稼ぐほど結婚できない' 現実: 未婚化は低年収男性だけが原因じゃなかった)」.
주: 국세조사의 「취업상태 등 기본집계(就業狀態等基本集計)」(2015)를 이용해 아라카와 가즈히사가 작성.

여성의 고학력화와 경제활동 증가

1970년대까지만 해도 여성은 노동시장에 진입할 수 있는 기회조차 갖지 못했거나 기업에 고용되었다고 하더라도 주변부적인 존재에 머물러 있었다. 남성이 일본적 고용관행의 울타리 안에서 정사원으로 고용되어

종신고용과 연공서열형 임금의 혜택을 받으며 기업에 충성을 다하는 기업전사의 역할을 수행했던 것과는 대조적이다. 이런 차별적 고용구조 하에서 여성은 결혼을 계기로 퇴직하거나 결혼하지 않더라도 일정 연령이 되면 퇴직할 수밖에 없었는데, 일본에서는 이를 약년정년제(若年定年制)라고 불렀다. 이런 성별분업체제 하에서 여성에게 결혼 이외에는 사실상 달리 선택지가 없었다. 이것이 바로 개혼을 지탱한 사회경제구조였다.

이러한 구조에 큰 변화가 일어나는 것은 1990년대에 와서이다. 1986년에 남녀고용기회균등법이 시행되면서 여성이 직장에서 능력을 발휘할 수 있는 여건이 조성되기 시작했고, 여성에게도 종합직 업무를 수행해 관리직으로 승진할 수 있는 기회가 주어지면서 자신의 커리어를 추구하는 여성들이 조금씩 등장했다.

여성의 노동시장 진출은 고학력화와 더불어 진행되었다. 문부과학성의 「학교기본통계(学校基本統計)」 자료를 이용해 진학률 추이를 보면, 여성의 4년제 대학진학률은 1955년의 2.4%에서 1975년의 12.7%, 1995년의 20.0%로 서서히 증가하다가 이후 빠르게 상승해 2020년에 50.9%를 나타냈다. 같은 기간 남성의 대학 진학률은 1955년의 13.1%에서 1975년의 41.0%, 1995년의 40.7%로 이때까지만 해도 여성과의 격차가 컸지만, 2020년에는 57.7%로 차이가 크게 좁혀졌다.

여성 고학력자의 노동시장 진출이 활발해지면서 미혼율도 높아지고 있다. 이를 잘 보여주는 것이 [그림 9]인데, 이것은 남성과 여성으로 구분해 학력에 따른 미혼율의 차이를 연령별로 제시한 것이다. 예를 들어 남성 20~24세 고졸 이하 학력자의 미혼율은 이 연령그룹의 평균 미혼율보다 4% 조금 안 되는 정도로 미혼율이 낮다는 것을 의미한다. 반면 남성 20~24세 대졸 이상 학력자는 이 연령그룹의 평균 미혼율보다 2% 정도 높다는 것을 의미한다.

[그림 9]에서 주목하고 싶은 것은 여성과 남성에서 학력에 따른 미혼율의 차이가 대조적이라는 점이다. 대체로 여성은 학력이 높을수록 미혼율이 높아지는 반면 남성은 학력이 높을수록 미혼율이 낮아지는 경향이 있다.

여성의 경우, 대졸 이상 여성의 미혼율은 전체 평균보다 높고, 특히 25~29세에서 그 차이가 매우 크다. 반면 고졸 이하 여성은 20~24세와 25~29세에서 미혼율이 전체 평균보다 크게 낮다. 2년제 단기대학 졸업 여성도 전 연령대에서 미혼율이 전체 평균보다 조금 낮다.

반면 남성은 여성과 정반대의 경향을 나타낸다. 대졸 남성의 미혼율은 20대를 제외한 나머지 연령대에서 전체 평균보다 크게 낮다. 반면 고졸 이하 남성의 미혼율은 20대를 제외한 나머지 연령대에서 전체적으로 높다.

이러한 남녀 간의 차이는 [표 3]에서 확인한 내용과 대체로 일치하는 것이다. 학력이 안정적인 고용 지위를 얻는 중요한 자원이라고 볼 때 고졸 이하 남성은 비정규직이 될 가능성이 상대적으로 높고 미혼자로 남을

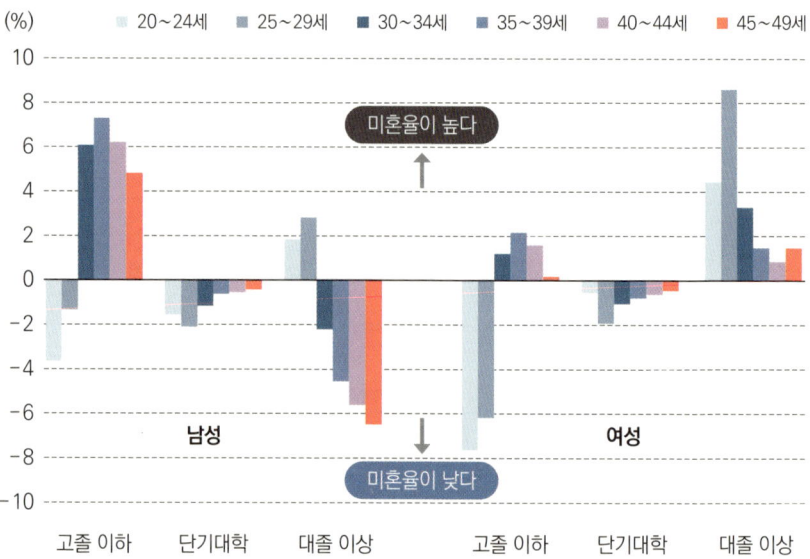

[그림 9] 일본 남녀의 학력별·연령별 미혼율 비교(각 연령별 평균 미혼율과의 차)

자료: 아라카와 가즈히사(2022), 「생애미혼율 '학력'만으로 이렇게도 다른 가혹한 현실(生涯未婚率「学歴」だけでこうも違う過酷な現実)」.

가능성도 상대적으로 높다. 반면 대졸 여성은 정규직으로 일할 가능성이 상대적으로 높고 미혼자로 남을 가능성도 상대적으로 높다.

지금까지 살펴본 것을 정리하면 한 쪽에는 결혼하기 어려운 남성 비정규직이 상당수 있다. 이들은 고용이 보장되지 않는 불안정한 상황에 처해 있고, 임금도 적어 안정된 결혼생활을 하기 어렵다. 반면 또 다른 한 쪽에는 결혼을 하지 않는 정규직 여성이 상당수 있다. 이들은 전문성을 바탕으로 능력을 발휘하며 높은 임금을 받지만 일과 가정의 양립이 어려워 또는 결혼보다는 일에서 성취감을 찾기 때문에 결혼에 소극적인 경향이 있다. 이 두 그룹의 남녀가 만날 가능성은 매우 낮기 때문에 젊은이 사이에 격차가 커진다는 것은 그만큼 결혼의 기회가 줄어든다는 것을 의미한다.

그런데 각종 의식조사 결과를 보면 일본 여성 중에는 결혼 상대자로서 남성이 학력이나 수입 등으로 평가할 수 있는 사회적 지위가 자신보다 높거나 동등해야 한다고 생각하는 사람이 많다. 반면 남성 중에는 자기보다 잘 나가는 여성을 부담스러워 하는 경향도 여전히 존재한다. 사회학자 아카가와 마나부(赤川学)와 야마다 마사히로(山田昌弘)는 결혼 상대자에 대한 남녀 간의 기대 수준의 차이가 큰 점이 미혼율 증가의 한 요인이라고 지적한다((赤川, 2018; 山田, 2007). 이런 점을 고려할 때 젊은이 사이의 분단이 고정되고 확대되지 않도록 교육달성이나 직업능력 개발의 측면에서 사회적 지원을 통해 그 격차를 해소하려는 노력이 반드시 필요하다.

남녀를 이어주는 매칭시스템의 기능 저하

결혼은 서로 결혼하겠다는 의사를 가진 남녀가 있어야 비로소 성립한다. 따라서 결혼이 성사되기에 앞서 남녀의 만남이 이루어져야 하는데, 이들의 만남을 중개해주는 매칭시스템이 제대로 작동하지 않는 것도 미혼율 증가의 한 요인이다.

남녀가 만나는 방식은 시대에 따라 변해 왔다. 2021년 「출생동향기본조사」 결과를 보면 일본인의 결혼형태가 중매결혼에서 연애결혼으로 바뀌어 왔음을 알 수 있다.[5] 1930년대에 일본인들은 중매결혼이 약 70%를 차지할 정도로 대다수가 중매로 만나 결혼을 했다. 그렇지만 1950년대 중반에는 그 비율이 약 50% 수준으로 하락했고, 이후에도 지속적으로 하락해 2021년에는 9.9%를 나타낸다. 반면 연애결혼은 1930년대에 10%에 불과했지만 계속 증가해 1960년대에는 중매결혼을 추월했다. 이후에도 연애결혼의 비율은 빠르게 증가해 현재 대다수의 남녀가 연애결혼을 한다.

일본 연애결혼의 풍경은 지난 70년 동안 크게 바뀌었다(山田, 2007). 야마다 마사히로 교수에 따르면 1950~55년은 '연애결혼의 창설기'로 이때까지만 해도 맞선을 보거나 부모의 결정에 따라 결혼하는 사람이 많았다. 1955~75년은 '연애결혼의 보급기'로 사귀면 결혼해야 한다는 의식이 강했다. 1975~95년은 '연애의 자유화 시기'로 연애와 결혼을 분리해서 생각하게 된 시기이다. 1995년~현재는 '연애격차의 확대기'로 연애 기회가 더욱 많아지면서 연애할 수 있는 사람과 그렇지 않은 사람으

5_「출생동향기본조사」는 국립사회보장·인구문제연구소가 결혼이나 출산, 육아의 현황과 과제를 파악하기 위해 5년 간격으로 실시하는 전국표본조사로 2021년까지 총 16회의 조사가 이루어졌다. 제16회 조사는 코로나19로 인해 조사가 1년 연기되어 2021년에 실시되었다.

로 양극화가 일어나고 있다. 개개인의 매력 격차가 커지면서 이성이 좋아할 매력을 가진 사람에게는 사람들이 몰려들지만 그렇지 못한 사람은 연애할 기회가 없다. 여기서 말하는 매력에는 학력, 직업, 외모, 커뮤니케이션 능력 등 여러 요소가 있다.

그런데 연애는 본질상 개인 격차가 큰 영역이다. 연애가 젊은이들의 특권인 것 같지만 모든 젊은이들이 자연스럽게 연애를 잘 하는 것은 아니다. 연애 과정에서는 상대방에게 내 존재의 전체를 드러내며 나의 매력을 어필할 수 있어야 한다. 커뮤니케이션 능력도 필요하고, 상대방이 원하는 매력도 갖추어야 한다. 상대방의 마음을 얻는 일은 매우 번거로우며 때로는 큰 아픔을 동반하기도 한다.

요즘 같이 어릴 적부터 부족함 없이 내가 원하는 모든 것을 바로바로 충족하는 경험을 하며 자란 젊은이들 중에는 연애나 결혼에 따른 번거로움을 피해 자기가 좋아하는 취미에 빠지거나 일에서 만족을 찾는 사람들이 늘고 있다. 또한 자신은 이성이 좋아할만한 매력자원을 갖고 있지 못하다고 생각해서 처음부터 이런 만남을 회피하는 젊은이도 증가하고 있다.

예전에 널리 행해졌던 중매자를 통한 맞선은 양쪽 사정을 잘 아는 사람이 나서서 비슷한 사회계층 안에서 서로 균형이 맞는 남녀를 소개했다. 회사 상사나 주변 사람들이 학력, 성격, 직업, 취미 등을 고려해서 서로에게 맞는 상대를 소개해주었다. 이러한 동류혼(同類婚)의 원리가 작동하는 매칭시스템 속에서 사람들은 안심하고 결혼을 결정할 수 있었다.

적극적으로 연애를 하지 않아도, 커뮤니케이션 능력이 다소 부족해도 결혼할 수 있었던 것이다.

지금은 맞선이 사라진 자리에 개인적인 네트워크를 통한 소개와 만남이 남녀를 이어주는 역할을 하고 있다. 2021년 「출생동향기본조사」 결과를 인용해 미혼자(교제하는 이성이 있는 18~34세의 미혼자)가 지금의 이성을 만나게 된 계기를 살펴보면 다음과 같다.

남성은 '학교에서 만난 경우'가 30.1%, '친구나 형제자매를 통해서'가 18.0%, '직장이나 일 관계를 통해서'가 14.5%이다. 이외에 '인터넷(SNS, 웹사이트, 앱 등)'을 통한 만남은 11.9%이고, '서클이나 클럽활동, 강습활동'을 통한 만남은 6.1%이다.

여성은 '학교에서 만난 경우'가 26.8%, '친구나 형제자매를 통해서'가 17.3%, '직장이나 일 관계를 통해서'가 15.8%이다. 이외에 '인터넷(SNS, 웹사이트, 앱 등)'을 통한 만남은 17.9%이고, '서클이나 클럽활동, 강습활동'을 통한 만남은 6.3%이다.

이런 조사결과를 볼 때 인터넷을 통한 만남이 늘고 있기는 하지만 여전히 남녀의 만남이 개인적 친분이나 자신이 소속된 조직의 범위 내에 한정되어 있음을 알 수 있다. 따라서 젊은이들이 다양한 만남의 기회를 가질 수 있도록 사회가 지원하는 일이 필요할 것으로 생각된다. 젊은이들이 관심사나 취미활동, 자기개발활동, 직업능력을 향상시키기 위한 활동, 시민활동, 여가활동 등에 참가하면서 자연스럽게 만남을 가질 수 있는 젊은이만의 복합공간이 지역사회의 곳곳에 마련되면 좋을 것이다.

그러한 장에서 젊은이들 스스로가 다양한 활동을 조직하고 이벤트를 개최하며, 자신들의 문제를 함께 고민하며 해결책을 찾아갈 수 있도록 지역사회가 지원할 필요가 있다. 특히 지금까지 사회적 관심을 덜 받았던 고졸 청년이나 불안정한 고용 지위에 있는 젊은이, 취업 경험조차 가져보지 못한 젊은이 등이 참여해 자신들의 목소리를 내고 도전하도록 도와주는 일이 꼭 필요하다. 이러한 활동에 기성 세대가 나서서 경험과 지혜를 나누어주고, 대기업뿐만 아니라 중소기업도 참여해서 젊은이들의 능력개발을 도와줄 수 있다면 세대 간 교류의 장으로서도 큰 의미를 가질 것이다.

결혼에 대한 의식 변화

젊은이들의 결혼에 대한 의식이 바뀌고 있는 것도 미혼율 증가의 한 요인이다. 결혼에 대한 젊은이들의 의식 변화라고 한다면, 결혼을 필수가 아닌 선택으로 보는 젊은이가 많아졌다는 점이다. 이제 젊은이들은 결혼이 주는 장점과 단점을 생각하며 결혼에 대한 자신의 태도를 정하고 있다.

앞에서도 제시한 바 있는 2021년 「출생동향기본조사」 결과를 통해 미혼자(조사대상은 18~34세 미혼자)들이 생각하는 결혼의 이점을 살펴보면 다음과 같다(복수 응답).

결혼의 이점에 대해 남녀 모두 높은 비율을 나타내는 것은 '자녀와 가족을 가질 수 있다'와 '정신적 위안의 장을 얻을 수 있다'라는 응답이다. 이는 그 기능이 축소되고 있는 현대가족에 남겨진 중요한 기능이라고 할 것이다. '자녀와 가족을 가질 수 있다'의 비율은 남성이 31.1%, 여성이 39.4%이다. '정신적 위안의 장을 얻을 수 있다'의 비율은 남성이 33.8%, 여성이 25.3%이다. 반면 남녀 간의 의식 차이가 큰 것으로는 '경제적 여유를 가질 수 있다'라는 응답인데, 남성이 8.4%인데 반해 여성이 21.0%이다.

한편 같은 조사에서는 결혼 상대자의 조건으로 중시하는 것에 대해서도 조사하고 있다(복수 응답). 이에 대해 남녀 간 차이가 큰 것으로는 결혼 상대자의 경제력과 직업, 학력이라는 조건이다. 그 비율을 보면 여성은 경제력 91.6%, 직업 80.7%, 학력 51.7%인 반면 남성은 경제력 48.2%, 직업 46.6%, 학력 27.3%로 남녀 간의 차이가 크다.

지금까지의 조사결과를 정리하면, 남녀 모두 결혼에 대해 자신과 가장 친밀한 관계인 배우자와 자녀를 갖는다는 의미, 정신적 위안을 얻는다는 의미를 중시하고 있다.

다만 여성에게는 결혼을 통해 경제적 안정을 꾀할 수 있다는 의미가 여전히 중시된다. 여기에는 남녀 간 수입 격차가 크기 때문에 여성이 어쩔 수 없이 경제적으로 남성에게 의존할 수밖에 없는 상황이 있다. 따라서 여성은 결혼 상대자로서 남성의 경제적 능력, 직업, 학력을 중시한다. 거꾸로 여성의 이러한 기대감이 남성에게는 결혼의 부담감으로 작용할 것이다.

한편 여성의 입장에서 혼자서 출산과 육아, 가사를 담당하기 때문에 중도에서 직장을 그만두어야 한다면 이는 결혼을 주저하게 만드는 요인이 될 수 있다. 가사와 육아에 대한 남성의 참여시간을 보면 일본 남성의 가사와 육아 시간은 미국이나 유럽 국가의 남성에 비해 현저히 적다. 현재도 결혼과 출산을 계기로 일본 여성의 다수가 퇴직을 하고 아이가 크면 재취업을 하는 경우가 많은 것은 여성을 결혼에 대해 소극적으로 만드는 요인이 된다.

결국 이러한 조사결과를 종합적으로 고려할 때, 남녀 모두 과거의 성별 분업체계에 따른 부부관계에서 벗어나 맞벌이를 하면서 서로 경제적으로 지탱하고, 정서적으로도 서로를 지지해 주며, 가사와 육아의 부담도 함께 나누는 동등하면서도 협조적인 관계를 형성할 때 결혼의 장벽은 낮아질 것으로 생각된다.

04
기혼부부도 자녀 수를 줄이고 있다

기혼부부의 출산 자녀 수의 추이

그렇다면 이번에는 결혼한 부부의 출산행동에 어떤 변화가 있었는지를 살펴보기로 하자. [그림 10]에서는 기혼부부 중에서 부인 연령이 조사연도 당시 45~49세인 부부의 평균 출산 자녀 수를 제시했다. 45세가 넘어 출산하는 여성은 거의 없기 때문에 이 수치를 확정적인 출산 자녀 수라고 볼 수 있다. 단 조사대상은 부부 모두 초혼인 경우이다.

[그림 10]을 보면 기혼부부의 출산 자녀 수는 1977년의 2.33명에서 1997년의 2.13명으로 감소한 후 2002년에 2.20명으로 약간 상승했다가 다시 하락해 2015년에 1.86명, 2021년에 1.81명을 나타내고 있다. 2010년까지는 2.0명 이상을 유지해왔는데, 이러한 조사결과에 의거해 일본에

[그림 10] 일본 기혼부부의 출산 자녀 수의 추이

자료: 국립사회보장·인구문제연구소의 「제16회출생동향기본조사 결과 개요(第16回出生動向基本調査 結果の概要)」(2022), p.45.
주: 조사대상은 부부 모두 초혼이며, 조사 연도에 부인 연령이 45~49세인 경우.

서 결혼한 부부는 2명의 자녀를 낳는다는 것이 정설처럼 받아들여져 왔다. 그렇지만 2015년과 2021년에 1.8명대를 기록하면서 결혼해도 예전처럼 아이를 낳지 않는다는 사실이 숫자로 확인되었다.

출산 자녀 수의 추이를 좀 더 구체적으로 이해하기 위해 [그림 11]에서는 기혼부부의 출산 자녀 수의 분포를 나타냈다. 이를 통해 40년이 넘는 기간 동안 기혼부부의 출산 자녀 수 분포에서 어떤 변화가 일어났는지를 알 수 있다.

우선 눈에 띄는 점은 자녀를 한 명도 낳지 않거나 한 명만 낳는 부부의

[그림 11] 일본 기혼 부부의 출산 자녀 수의 분포

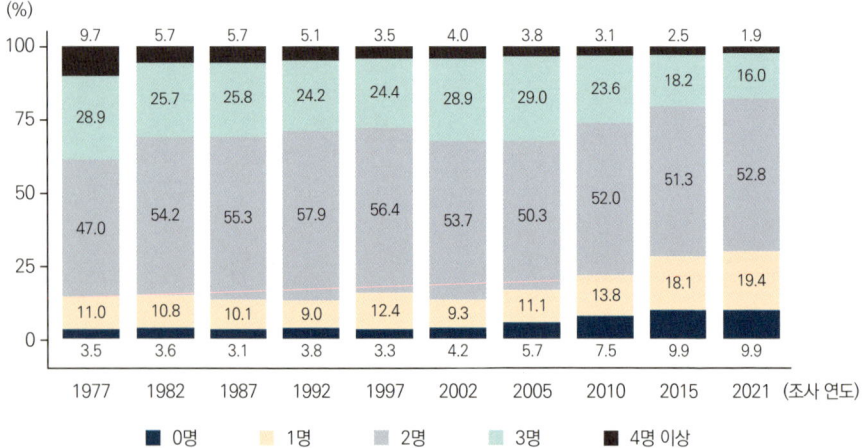

자료: 국립사회보장·인구문제연구소의 「제16회출생동향기본조사 결과 개요」(2022), p.46.
주: 조사대상은 부부 모두 초혼이며, 조사 연도에 부인 연령이 45~49세인 경우.

비율이 꾸준히 증가하고 있다는 점이다. 자녀를 한 명도 낳지 않는 부부의 비율은 1977년에 3.5%에 불과했지만 2021년에 9.9%로 증가했다. 또한 자녀를 한 명 출산하는 부부의 비율은 1977년에 11.0%에서 2021년에 19.4%로 증가했다.

반면 두 명을 출산하는 부부의 비율은 1977년에 47.0%에서 1992년에 57.9%로 증가했다가 2021년에 52.8%로 감소했다. 세 명을 출산하는 부부의 비율은 1977년에 28.9%로 상당히 높은 비율을 보였는데 이후 빠르게 감소해 2021년에 16.0%를 나타낸다. 4인 이상 자녀를 출산한 부부의 비율은 1977년에 9.7%였는데 이후 지속적으로 감소해 2021년에는 1.9%에 불과하다.

이처럼 1977년 이래로 기혼부부의 자녀 출산에서 커다란 변화가 있었음을 알 수 있다. 자녀를 낳지 않거나 한 명만 낳는 부부의 비율이 꾸준히 증가한 반면 세 명 이상 자녀를 낳는 부부의 비율이 계속 감소하고 있다. 그 결과 전체 출산 자녀 수가 줄고 있다.

낳고 싶은 만큼 낳지 못하는 이유와 자녀 출산의 본질적 이유

한편 「출생동향기본조사」에서는 기혼부부가 희망하는 자녀 수와 예정자녀 수도 조사하고 있다. 희망자녀 수는 자신들이 갖고 싶은 아이의 숫자이고, 예정자녀 수는 실제 갖게 될 것으로 예상되는 자녀 수(현재의 자녀 수와 향후 가질 예정인 자녀 수의 합)이다. 이에 대해 부부 모두 초혼이며 부인의 연령이 50세 미만인 사람을 대상으로 희망자녀 수와 예정자녀 수를 조사한 결과를 보면 그 차이가 있다.

희망자녀 수는 1977년의 2.61명에서 1987년의 2.67명, 1997년의 2.53명, 2010년의 2.42명, 2021년의 2.25명으로 계속해서 조금씩 감소하고 있지만 여전히 2명을 넘고 있다. 앞에서 확인한 바와 같이 아이를 낳지 않거나 한 명만 낳는 사람의 비율이 증가하고 있지만 그래도 여전히 다수의 사람들이 두 명 이상의 자녀를 희망하고 있는 것을 알 수 있다.

반면 실제 예정자녀 수는 희망자녀 수보다 작다. 그 차이는 1977년의 0.44명에서 1987년의 0.44명, 1997년의 0.37명, 2010년의 0.35명, 2021년의 0.24명으로 항상 차이가 있다. 이는 부부가 낳고 싶은 자녀를 다 낳지 못하고 있다는 의미이다.

그렇다면 왜 사람들은 이상적이라고 생각하는 자녀 수만큼 낳지 못하고 있을까? 이에 대한 2021년 조사 결과는 다음과 같다(복수 응답). 가장 높은 비중을 차지하는 이유는 '육아나 교육에 돈이 너무 많이 든다'라는 응답으로 52.6%를 나타낸다. 그 다음으로는 '나이가 많은 연령에 아이를 낳는 것이 싫어서'라는 응답이 40.4%이다. 반면 자신의 일(직업이나 가업)에 지장을 주기 때문이라는 응답은 15.8%로 그다지 높지 않다. 이런 조사 결과를 고려할 때 저출산 정책으로 부부의 경제적 부담을 낮추어 주는 일이 무엇보다 중요하다고 할 수 있다.

한편 사람들은 어떤 이유로 아이를 낳고 있을까? 이에 대해 이상적이라고 생각하는 자녀 수가 1명 이상이라고 답한 부부를 대상으로 자녀를 갖는 이유에 대해 질문했다(복수 응답). 2021년 조사 결과를 보면 '아이가 있으면 생활이 즐겁고 마음이 풍요로워지니까'라는 응답이 80.0%로 압도적으로 높다. 그 다음으로 높은 것이 '사랑하는 사람의 아이를 갖고 싶어서'가 40.9%이다. 반면 '결혼해서 아이를 갖는 것은 자연스러운 일이니까'라는 응답은 33.8%로 그 이전 조사에 비해 비율이 크게 감소했다. 또한 '자녀는 부부관계를 안정시키기 때문'이라든가 '자녀가 노후를 지탱하니까' 등의 응답은 그 비율이 높지 않다.

이런 점에서 부부가 결혼해서 아이를 갖는 이유가 아이로 인한 행복 그 자체로 축소되고 있음을 알 수 있다. 이러한 응답에는 아이가 태어나 한창 재롱을 부리면서 하루하루 다르게 성장해가는 모습에 놀라고 기뻐하는 부모의 모습이 담겨 있는 듯하다. 물론 아이 키우는 기쁨이 이 시기에만 한정되는 것은 아닐 것이다. 자녀가 자신의 꿈을 실현하기 위해 열심히 미래를 준비하며 독립된 주체로 성장해가는 모습을 보는 것도 부모에게는 큰 기쁨일 것이다. 부모와 자녀의 관계는 개별 가족이 처한 상황에 따라 그 모습이 조금씩 다르겠지만 자녀를 통해 얻는 기쁨과 행복이 충족된다면 많은 사람들이 자녀를 갖는 일에 더 적극적이 될 것이다. 이런 일이 가능한 사회가 되도록 국가의 가족정책을 잘 만들 필요가 있다.

4장

일본 정부의
저출산 정책을 평가한다

- 저출산 정책의 기본 이념　　　　　　　　　　91
- 저출산 정책의 핵심 내용　　　　　　　　　　97
- 저출산 정책이 성공하지 못한 이유　　　　　104
- 해결의 과제　　　　　　　　　　　　　　　112

일본의 연구자들은 일본 정부의 저출산 정책을 실패한 정책으로 평가하는 경우가 많다. 수십 년 간의 대응에도 불구하고 합계출산율이 상승하지 못했기 때문이다. 물론 저출산 정책이 없었다면 이러한 합계출산율조차 유지하기 어려웠을 것이라는 지적도 있다. 또한 한국이나 타이완, 싱가포르와 비교해 일본의 출산율이 더 높은 수준을 유지해왔다는 점에서 일본 정부의 정책을 일정 부분 긍정적으로 평가할 수도 있을 것이다.

이 장에서는 지금까지 일본 정부가 인구문제에 대해 어떤 입장을 가지고 저출산 정책을 전개했으며, 어떤 점에서 성과를 거두었고, 어떤 점에서 실패했는지를 살펴본다. 그리고 현재 일본 정부가 중점을 두어 추진하려고 하는 이차원의 저출산 정책에 대해 살펴본다.

01
저출산 정책의 기본 이념

여러 차례 바뀐 인구정책

일본 정부는 저출산 문제를 어떤 관점에서 보고 있으며, 지금까지 어떤 원칙을 가지고 정책을 추진해 왔는가? 근대 이후 지금까지 일본 정부의 인구정책은 여러 차례 바뀌었다.

근대국가를 표방한 메이지정부는 가족과 생식의 문제를 국가의 관리하에 두고자 했다. 이를 위해 1868년에 포고령을 내려 에도시대에 출산 억제의 방법으로 서민들 사이에서 행해졌던 낙태와 마비키(間引き: 영아살해)를 금지하고 이를 돕는 산파의 행위를 금지했다. 1880년에는 낙태죄를 법률로 규정했다.

한편 1920년대에 일본에서는 인구과잉으로 인한 식량 부족을 걱정하는 목소리가 커지고 경제적 이유로 피임을 하고 싶다는 도시민들의 요구가 생겨나고 있었다. 이를 배경으로 도쿄와 같은 대도시에서는 산아제한을 주장하는 단체들이 산아제한운동을 벌였고, 산아제한상담소도 개설했다(山本, 2011). 일본 정부는 이들의 산아제한운동을 감시하고 탄압했으며, 본격적인 전쟁수행체제에 돌입하면서 1938년에 산아제한상담소를 강제로 폐쇄시켰다.

이러한 조치와 더불어 국가가 나서서 인구를 늘리는 정책을 전개했다. 인적 자원의 공급처로서 가족에 대한 개입을 강화하고, 나라를 위해 싸울 병력과 노동현장에서 일할 노동력을 늘리기 위한 인구정책을 전개한 것인데, 이를 '낳아라, 늘려라(産めよ殖やせよ)' 정책이라고 한다.

전시기에 일본 정부가 추진했던 핵심적인 인구정책을 열거하면 다음과 같다(荻野, 2008).

1938년에 일본 정부는 국민을 양적·질적으로 통제하고 관리하는 전문 행정기관으로서 후생성을 신설하고, 다음 해에는 후생성의 부속기관으로 인구문제연구소를 설치했다. 그리고 1940년에는 인구의 질을 관리하기 위한 목적으로 국민체력법과 국민우생법을 제정했다.

1941년에는 내각 각의에서 전시기 인구정책의 집대성이라고 할 수 있는 「인구정책확립요강」을 발표했다. 그 핵심 내용을 보면 우생사상을 기반으로 한 강제 불임수술의 허용, 평균 혼인연령을 3세 앞당기고 자녀 수를 평균 5명으로 늘리는 정책, 다자가정에 대한 우대책과 무자녀 가정 및 독신자에게 세금을 더 부과하는 정책, 불건전한 개인주의 사상의 배제, 건전한 가족제도의 유지·강화, 단체나 공공기관에 의한 결혼 소개, 결혼 비용 경감과 결혼자금 대여, 학교에서의 모성 교육, 20세 이상 여성의 취업 억제, 피임이나 낙태 등의 산아제한 금지 등 매우 강압적이고 억압적인 것이었다.

이처럼 국가가 강압적으로 결혼과 다산을 강요했던 역사적 경위로 인해 일본인 중에는 저출산 정책에 반대하는 사람이 많다. 특히 여성운동을 하는 페미니스트들이 강하게 반대하고 있는데, 이들은 결혼과 출산이라는 사적인 영역에 국가가 개입하는 것에 강한 거부감을 갖고 있다.

한편 패전 이후 일본 정부는 입장을 선회해 1948년에 인공임신중절을 허용하는 조치를 취했다. 당시 전쟁으로 인해 억눌렸던 출산욕구가 분출하면서 한 해에 260만 명이 넘는 아이가 태어나자 패전국 일본이 빈곤국가가 될 것을 우려해 이런 조치를 취한 것이다.

이후 1970년대 중반에 일본 정부는 인구가 늘지도 줄지도 않는 정지인구를 선언해 사실상 출산율 하락을 부추겼다. 당시 인구증가를 막아야 한다는 목소리가 힘을 얻고 있었기 때문인데, 1968년에 일본 인구는 1억 명을 돌파했다. 이 시기에 인구가 매년 100만 명 이상 증가하고 있었고, 1973년에는 인구의 자연증가 수가 138만 명을 나타냈다.

그렇지만 이미 이 시기에 일본의 합계출산율은 계속 하락해서 인구대체수준을 하회할 우려가 있었던 상황이었다. 역사인구학자 기토 히로시

(鬼頭宏)는 일본 정부의 이러한 조치가 출산을 억제해야 한다는 여론을 형성해 출산율을 낮추는 데 기여했다고 지적한다(鬼頭, 2011).

그러다가 일본 정부가 저출산 문제에 대한 대책을 모색한 것은 1990년대 중반에 와서이다. 1989년에 출산율이 1.57로 하락해 일본 사회에 큰 충격을 주자 지금까지의 입장을 바꾼 것이다.

법률로 규정한 국가와 지자체, 사업주, 국민의 차세대 육성의 책무

1990년대에 일본 정부가 저출산 정책을 추진하면서 견지했던 입장은 결혼이나 출산에 대한 개인의 자기결정권을 존중하면서도 다음 세대를 이끌어 나갈 사회적 존재를 길러내는 어린이 양육에 국민 모두의 책임이 있다는 것이다. 이러한 입장이 처음으로 제시된 것이 1997년에 후생성 산하의 인구문제심의회가 발표한 「저출산에 관한 기본 생각에 대해: 인구감소사회, 미래에 대한 책임과 선택(少子化に関する基本的考え方について: 人口減少社会, 未来への責任と選択)」이라는 보고서이다. 여기에서는 저출산의 현황과 장래에 미칠 영향을 경제 면과 사회 면으로 나누어 파악하고 그 대응책을 포괄적으로 논의했다.

다만 이 보고서에서는 결혼과 출산은 개인이 결정해야 하는 문제이기 때문에 정부가 대응을 해서는 안 된다는 주장을 의식해 다음과 같이 매우 소극적 입장에서 정부 정책의 정당성을 주장한다. 즉 정부 정책에 반대하는 사람도 "대부분의 사람들이 결혼을 희망하고 있으며, 결혼하면 2.6명의 자녀를 갖기 원하지만 그렇지 못한 상황을 개선하도록 정부가 도움을 주는 것까지 부정하는 것은 아니다."라고 언급한다. 전시기 일본 정부가 강압적으로 인구정책을 전개한 것에 대한 비판을 의식해 매우 조심스럽게 입장을 제시한 것이다.

그렇지만 또 한편으로는 일본 정부의 저출산 정책의 기본 전제로 정부 정책이 임신과 출산에 관한 개인의 자기결정권을 제약해서는 안 되고, 남녀를 불문하고 개인 삶의 다양성을 훼손하는 대응을 해서는 안 된다고 지적한다. 그리고 육아는 다음 세대를 이끌어 나갈 사회적 존재를 길러내는 일이기 때문에 육아지원이 국민 모두의 사회적 책임이라는 생각을 확고히 해야 한다는 점도 지적한다. 이런 점에서 일본 정부가 본격적으로 저출산 정책을 시작하려고 하는 시점에서 국가 개입의 정당성의 근거를 제시하고자 했다는 점에서 그 의의가 있다.

이러한 주장의 연장선상에서 육아지원이 모든 국민의 사회적 책무임을 법률로 규정한 것은 2003년에 제정된 차세대육성지원대책추진법(次世代育成支援対策推進法)이다. 이 법은 다음 세대를 이끌어나갈 어린이가 건강하게 태어나 성장하는 사회를 만들기 위한 기본이념과 시책을 제시한 것으로 차세대육성지원이 국가와 지방공공단체, 사업주, 국민의 책무임을 명확히 규정했다는 점에서 그 의의가 있다.

특히 기업이 노동자의 직업생활과 가정생활의 양립을 위해 노동조건과 고용환경을 정비하기 위해 노력해야 한다고 규정하고 있다는 점이 중요하다. 그리고 상시 고용 노동자 101인 이상 기업에 대해 차세대육성지원을 위한 행동계획을 책정하고 공표해 실천할 의무를 규정하고 있다는 점도 중요하다.

같은 해 제정된 저출산사회대책기본법(少子化社会対策基本法)에서도 저출산 문제를 해결하기 위해 필요한 시책의 기본이념과 종합적인 추진 방안에 대해 제시하고 있다. 그리고 저출산 문제에 대처하기 위해 필요한 시책을 책정하고 실천해야 하는 국가와 지방공공단체, 사업주, 국민의 책무를 규정하고 있다.

다만 이들 법률이 저출산 정책의 당위성이나 추상적인 방향성을 제시하는 데 그쳐 현실을 바꾸는 데에는 여전히 한계가 있다. 육아지원이 효과를 내기 위해서는 어떤 지원을 어느 수준으로 해야 하는지, 그리고 그에 필요한 비용을 어떻게 부담할 것인지에 대한 구체적인 방안을 마련해야 했는데, 후속조치가 이어지지 못했다는 한계가 있다. 재정적 제약으로 일본 정부가 예산 투입에 소극적이었던 점이 저출산 정책이 제대로 된 효과를 거두지 못하게 한 주된 요인이었다고 볼 수 있다.

02
저출산 정책의 핵심 내용

맞벌이 부부의 양육지원에 치우친 저출산 정책

그렇다면 이하에서는 1990년대부터 시작된 일본 정부의 저출산 정책에 대해 살펴본다. 일본 정부의 저출산 정책은 최근까지 맞벌이 부부의 보육지원에 중점을 두었는데, 핵심 정책을 몇 가지 영역으로 정리해 살펴보면 다음과 같다.[6]

가장 중요한 것은 보육지원책이다. 1994년에 발표된 「금후 육아지원을 위한 시책의 기본방향에 대해」(엔젤플랜)라는 기본방침은 저출산 정

---

[6] 일본 정부의 저출산 정책에 대해서는 내각부의 『저출산사회대책백서(少子化社会対策白書)』(2022년)를 참고했다. 일본에서는 저출산을 아이가 적어진다는 의미에서 소자화(少子化)라고 부른다. 소자화라는 말이 처음 나온 것은 1992년에 발간된 『국민생활백서(国民生活白書)』였다.

책의 출발점이다. 여기에서는 육아지원을 위한 향후 10년간의 기본방향과 시책을 제시했다. 1999년에는 엔젤플랜을 확충한 신엔젤플랜을 마련해 5개년 사업으로 보육서비스의 충실, 일과 가정의 양립을 위한 고용환경 정비 등을 추진하기로 했다. 이후 도시부에서 보육소 입소를 기다리는 대기아동의 문제가 심각해지자 이에 대응해 보육소 정원을 늘리는 정책을 꾸준히 추진해나갔다. 또한 2013년에는 초등학생의 방과 후 돌봄문제를 해결하기 위한 종합 대책을 마련했다.

또 하나의 중요한 지원책은 육아를 하는 가정에 지급하는 아동수당이다. 아동수당이 처음으로 제도화된 것은 1971년인데, 이때는 저소득가정의 셋째 자녀 및 그 이후의 자녀를 대상으로 지급하는 등 적용 대상에 제한이 있었다. 이후 여러 차례 법 개정이 이루어져 지급 대상이 확대되고 소득제한도 완화되었다.

민주당으로 정권 교체가 이루어진 이후에는 소득제한이 사라지고 지급액도 인상되었다. 민주당은 2009년에 내건 선거 공약에서 어린이 1인당 월 26,000엔을 지급하겠다고 했지만 재원을 마련하지 못해 2010년에 어린이 수당으로 이름을 바꾸고 모든 아동에게 월 1만 3,000엔을 중학교 졸업 시까지 지급하는 것으로 제도를 변경했다.

2012년에 자민당으로 다시 정권교체가 이루어지면서 어린이수당은 아동수당으로 명칭이 바뀌고, 소득제한을 적용해 중학교 졸업 시까지 어린이 1인당 월 1만 엔을 지급하는 것으로 변경되었다(3세 미만 아이 또는 초등생이면서 셋째 아이 이상은 1만 5,000엔). 소득제한을 넘어서는 가정에 대해서는 월 5,000엔의 특례급여가 지급되었다(2022년부터 소득상한 한도액을 넘는 경우 지급 폐지).

현재 기시다내각에서는 코로나19로 인한 출산율 저하에 강한 위기감을 가지고 지금까지와는 차원이 다른 저출산 정책을 추진하고 있다. 그 핵심으로 아동수당의 소득제한을 없애고, 지급연령을 확대해 고교 졸업 시까지 지급하며, 셋째 자녀가 있는 경우 더 많은 급여를 주는 안을 마련했다. 이와 같은 방안대로 아동수당이 확충된다면 출산율을 높이는 데 기여할 것으로 생각된다. 20년 전부터 일본의 전문가들이 독립 재원을 마련해 육아지원을 확대해야 한다고 주장했지만 그동안 정책의제로 거론조차 되지 못했던 점을 고려할 때 큰 진전이라고 할 수 있다.

또 하나의 중요한 정책으로는 육아휴직률을 적극적으로 높이려는 것이다. 육아휴직제도가 일본에 도입된 것은 1991년으로 그 역사가 30년이 넘었다. 그렇지만 남성의 육아휴직률은 아직까지도 매우 낮다. 또한 여성의 육아휴직율이 높은 편이지만 같은 여성이라도 비정규직은 육아휴직을 하기 어렵다. 최근 일본 정부는 일과 가정의 양립을 위해 남성의 육아휴직률을 높이기 위한 정책에 힘을 기울이고 있다.

일과 가정의 양립을 위한 근로방식개혁도 중요하다. 일본 정부는 2007년 12월에 수상 및 전 각료가 참여하는 저출산사회대책회의에서 근로방식을 개선해 일과 가정의 양립을 추진하는 것을 중점전략으로 채택

했다. 근로방식개혁의 본격적인 추진은 2017년에 책정한 '근로방식개혁 실행계획'에서 시작되었다. 여기에서는 시간외 노동의 상한규제를 통한 장시간노동 시정, 동일노동 동일임금 실현을 통한 비정규직의 처우개선을 내걸었다.

2017년 12월에는 인적자원 혁명과 생산성 혁명을 두 축으로 하는 새로운 경제정책패키지를 책정하고, 저출산·고령화를 극복하기 위한 인적자원 혁명을 위해 유아교육 무상화, 대기아동 해소, 고등교육 무상화 등 2조 엔 규모의 정책을 제시했다. 2018년 6월에는 근로방식개혁추진법이 제정되었다.

근로방식개혁의 세 가지 핵심기둥은 장시간 노동을 해소하고, 비정규직과 정규직의 격차를 시정하며, 고령자 취업을 촉진하는 것이다. 아베 신조(安倍晋三) 수상은 2016년 9월 내각관방에 설치된 근로방식개혁실현추진실 개소식에서 "맹렬 사원이라는 생각자체가 부정되는 일본을 만들고 싶다."라고 발언해 그 의지를 적극적으로 드러냈다.

근로방식개혁을 통해 일본의 노동시장 상황은 조금씩 개선되고 있는데, 그 이전부터 추진되었던 노동시간이 지속적으로 감소하고 있다. 2021년 OECD 국가의 연간 노동시간을 보면, 일본은 1,607시간으로 중간 수준이다. 참고로 독일은 1,349시간, 프랑스는 1,490시간, 영국은 1,497시간, 한국은 1,915시간으로 한국의 노동시간이 매우 길다.

2020년에는 근로방식 개혁의 일환으로 동일노동 동일임금을 규정하는 「파트타임·유기고용노동법」이 개정되었다. 이에 따라 같은 기업내에서 고용형태에 따른 불합리한 대우격차가 금지되고, 대우격차에 대한 사업주의 설명의무가 부과되었다. 대우격차에는 임금뿐만 아니라 휴가나 복리후생, 교육훈련 등도 포함된다. 다만, 직무급 임금제도가 확립되어 있지 않은 일본에서 동일노동을 규정하기 어려운 문제가 있다. 그렇지만 제도의 운용을 철저히 한다면 불합리한 격차를 줄이는 데 크게 기여할 수 있을 것으로 생각된다.

결혼하지 못하는 젊은이에 대한 지원책

일본 정부가 저출산 대책으로 젊은이의 결혼문제에 주목하기 시작한 것은 2010년대에 와서이다. 이것은 저출산의 핵심 원인을 제대로 파악해 정책으로 시행하는 데 너무 오랜 시간이 걸린 것을 의미한다. 일본 정부는 서구 국가에서는 나타나지 않았던 연애하지 않는 젊은이, 결혼하지 않는 젊은이의 실상을 제대로 파악하지 못했던 것이다.

가족사회학자 야마다 마사히로는 2008년에 발표한 『혼활시대(婚活時代)』라는 책에서 결혼을 하고 싶어도 하지 못하는 젊은이가 증가한 사회적 요인으로 수입이 적은 남성이 증가하고 있는 점, 젊은이의 자기실현 의식이 강해지면서 가치관의 차이가 커지고 있는 점, 연애의 자유화가 이성의 매력 격차를 확대시키고 있는 점, 여성의 결혼상대자 남성에 대한 요구 수준이 여전히 높은 점 등의 요인에 주목했다.

나아가 야마다 교수는 이처럼 결혼하기 어려운 시대이기 때문에 적극적으로 결혼 상대자를 찾아나서는 결혼활동이 필요함을 강조했는데, 이러한 주장이 사회적으로 주목을 받으면서 결혼활동의 줄임말로서 혼활(곤카츠)라는 말이 유행어가 되었다. 또한 본인 스스로가 시민단체인 NPO법인 전국지역결혼지원센터의 이사로서 결혼활동을 지원하는 역할을 맡기도 했다. 그는 2014년에 발표한 『가족난민: 생애미혼율 25% 사회의 충격(家族難民: 生涯未婚率25%社会の衝撃)』에서 자신을 필요로 하고 소중히 여겨주는 존재가 없는 사람, 가족에 의한 지지와 지원을 받을 수 없는 사람을 '가족난민'이라고 부르며, 가족난민이 증가하는 일본의 현실을 직시해 가족난민을 만들지 않기 위한 국가적·사회적 지원이 필요함을 강조했다(山田, 2014).

이러한 일련의 주장이 주목을 받으면서 일본 정부도 젊은이의 결혼문제에 주목하기 시작했다. 2013년 6월에 일본 정부는 저출산 위기를 돌파하기 위한 긴급대책으로 결혼과 임신, 출산지원을 새로운 대책의 핵심으로 제시했다. 그리고 지역 실정에 맞는 결혼과 임신, 출산, 육아지원사업을 하는 지자체를 지원하기 위해 같은 해 12월에 지역저출산대책강화교부금을 창설했다. 이후 이 교부금으로 각 지자체별로 결혼지원활동을 하기 위한 사업이 시행되었다.

2014년 9월에 일본 정부는 인구감소와 초고령화를 극복하기 위한 지방창생정책을 제시했다. 여기에서는 젊은이가 빠져나가 쇠퇴와 소멸의 위기에 처한 지방을 살리기 위해 도쿄의 일극집중화를 시정할 것, 지방에서 젊은 세대가 취업과 결혼, 육아의 희망을 실현할 수 있도록 할 것, 지역 특성에 맞는 지역 과제를 해결할 것이라는 3개의 핵심과제를 설정했다. 이를 위해 지방창생담당 장관을 신설하고 지방창생본부를 발족시켰다. 또한 같은 해 11월에는 지방창생법을 제정했다.

2015년 3월에는 새로운 저출산사회대책대강을 책정했다. 여기에서는 기존의 육아지원책에 더해 젊은 세대의 결혼과 출산에 대한 희망 실현을 중점과제로 설정했다.

2016년 10월에는 저출산대책담당 장관이 결혼 희망 실현을 위한 기업·단체의 대응에 관한 검토회를 개최해 지자체와 연계해 기업, 단체, 대학이 할 수 있는 대응책에 대해 논의했다.

2019년 12월에는 제2기 지방창생종합전략을 각의 결정했다. 여기에서는 2020년~2024년까지 향후 5년간의 결혼, 출산, 육아의 희망 실현을 기본목표의 하나로 내걸고 ① 결혼, 출산, 육아 지원, ② 일과 육아의 양립, ③ 지역실정에 맞는 대응을 추진하기 위한 구체적인 시책을 제시했다.

03
저출산 정책이
성공하지 못한 이유

지금까지 30년 동안 진행된 일본 정부의 저출산 정책을 살펴보았다. 일본 정부는 보육서비스의 확충에서 시작해 방과후 초등생 돌봄문제, 일과 육아를 양립하기 위한 근로방식개혁, 육아휴직과 육아세대에 대한 경제적 지원 등에 이르기까지 계속해서 새로운 정책을 만들어 그 영역을 넓혀갔다. 또한 육아의 사회적 책임을 강조해 중앙정부와 지자체뿐만 아니라 기업이 나서서 차세대를 육성하고 지원하기 위한 행동계획을 책정하도록 하는 등의 노력도 했다.

그렇지만 이런 정책이 출산율을 반등시키지는 못했다. 이처럼 일본의 저출산 정책이 성공하지 못한 이유는 무엇일까? 이하에서는 세 가지 원인으로 나누어 살펴본다.

결혼하지 못하는 젊은이의 문제를 제대로 파악하지 못했다

일본 정부의 저출산 정책이 성공하지 못한 가장 큰 이유는 결혼하지 못하는 젊은이의 문제를 제대로 파악하지 못했기 때문이다. 3장에서도 지적한 바와 같이 출산율 감소의 주된 원인은 결혼하지 않는 젊은이가 증가한 것이다. 특히 1990년대 이후 젊은이 중에서도 고용 지위가 불안정한 남성 비정규직 젊은이의 증가가 미혼율의 증가의 중요한 요인이라고 할 수 있다.

그런데 일본 정부가 이러한 요인에 주목해 정책을 시행하기까지는 오랜 시간이 걸렸다. 야마다 마사히로 교수는 1990년대 중반부터 책이나 논문, 공개된 발표를 통해 수입이 적은 남성은 여성들로부터 결혼 상대자로 선택되기 어렵다는 지적을 했는데, 이런 지적이 차별적 발언에 해당된다며 정부 관료나 매스미디어 관계자들이 외면했다고 한다. 그만큼 직시하기 불편한 현실이었던 것이다.

이처럼 저출산 문제의 원인을 제대로 파악하지 못하면서 2014년에 지방창생정책을 시행할 때까지 일본 정부의 저출산 정책은 맞벌이 부부를 위한 보육서비스의 확충과 일과 가정의 양립을 위한 지원책에 한정되어 있었다. 그렇지만 지방창생정책 이후에도 크게 달라진 것은 없다. 지방에서 젊은 세대가 취업과 결혼, 육아의 희망을 실현할 수 있도록 한다는 목표 설정에도 불구하고 커다란 성과가 있었다고 보기 어렵다.

일본에서 젊은이의 열악한 고용문제가 사회문제로 대두된 것은 1990년대 중반에 와서이다. 1990년대 중반은 거품경기가 무너지면서 일본 경제가 장기침체에 빠져든 시기로 기업들은 노동자를 해고하고 신규채용을 줄였다. 취직빙하기라고 불렸던 이 시기에 노동시장에 들어온 젊은이들은 고용 지위가 불안정한 비정규직이 될 수밖에 없었는데, 특히 남성 젊은이가 가장 큰 타격을 입었다. 2000년대 초반은 제2차 베이비붐 세대가 결혼해서 출산에 돌입할 시기였기 때문에 제3차 베이비붐을 기대하는 목소리도 있었지만 기대했던 제3차 베이비붐은 일어나지 않았다.

이 시기에 일본 정부가 적극적 노동시장정책을 통해 젊은이들의 고용상황을 조금이라도 개선시킬 수 있었다면 상황은 달라졌을 수도 있다. 그렇지만 일본 정부의 소극적 대응으로 인해 고용상황은 개선되지 않았다.

고령화 정책 때문에 뒤로 밀려난 저출산 정책

이처럼 일본 정부가 젊은 세대에 대한 과감한 지원에 나서지 못한 것은 사회보장제도가 고령자에 편중되어 있기 때문이다. 일본의 사회보장제도는 연금과 의료보험, 개호보험(한국의 노인장기요양보험)을 중심으로 운영되고 있기 때문에 사회보장비용의 3분의 2가 고령자 관련 비용이다. 그런 만큼 현역 세대를 위한 사회지출의 비중이 작다.

이를 잘 보여주는 것이 [그림 12]인데, 이것은 OECD 사회지출 기준

[그림 12] 일본 사회보장비용의 정책분야별 지출 추이

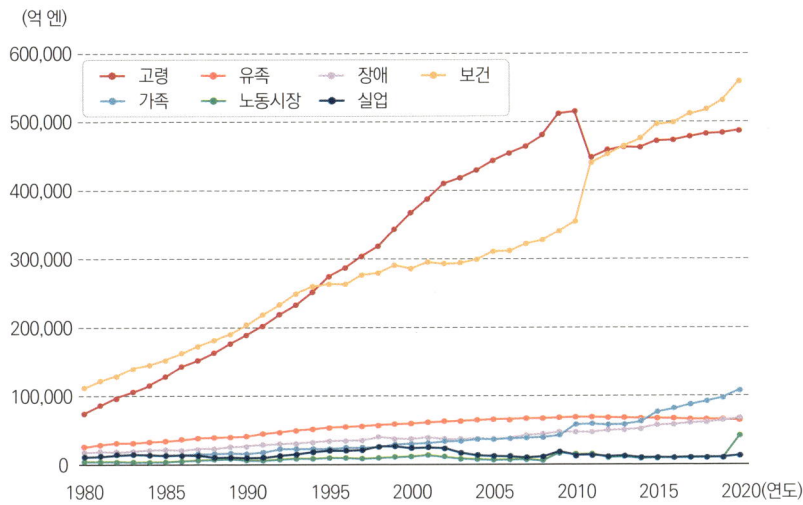

자료: 국립사회보장·인구문제연구소의 「2020년도 사회보장비용통계(令和2年度社会保障費用統計)」의 정책분야별 사회지출 추이(政策分野別社会支出の推移) 통계를 이용해 작성.
주: 1) 주택 부문과 기타 부문은 생략함.
　　2) 2011년부터 '고령'과 '보건'의 집계 방식이 변경됨(2010년까지 개호보험서비스는 모두 '고령'에 포함되었으나 2011년부터 의료·간호 관련 서비스 및 일상생활동작 관련 서비스가 '보건'에 포함됨).

에 따라 산출한 정책분야별 사회보장비용의 추이를 나타낸 것이다.[7] 이

7_ 사회보장비용의 정책분야별 내역은 다음과 같다. '고령'은 퇴직으로 노동시장에서 은퇴한 사람에게 제공하는 현금급여로 연금, 일시금, 개호보험, 노인복지 등이 포함된다. '유족'은 피부양자인 배우자와 독립 전 자녀에게 지급하는 급여이다. '장애·업무재해·상병'은 업무재해보상제도에 의해 지급되는 모든 급여와 장애인 복지서비스 급여, 장애연금, 상병(傷病)수당 등이다. '보건'은 의료의 현물급여를 말한다. '가족'은 가족을 지원하기 위해 지급되는 현금급여와 현물급여이다. '적극적 노동시장 정책'은 노동자에게 일할 기회를 제공하거나 직업능력을 높이기 위한 지출이다. '실업'은 실업 중의 소득을 보장하는 현금급여이다. '주택'은 공적 주택이나 개인의 주택비용을 줄이는 데 도움을 주는 급여이다. '기타 정책분야'는 위에 포함되지 않은 사회적 급여로 공적 부조금 및 일시금 등이 포함된다.

를 보면 고령자와 관련된 공적 연금은 그 규모가 매우 크고 1980년부터 2020년까지 매우 빠르게 증가하고 있다. 의료비도 마찬가지로 그 규모가 크고 빠르게 증가하고 있는데, 국민의료비의 60%가 넘는 비용을 65세 이상 고령자가 사용하고 있다.

반면 현역 세대와 관련된 사회보장비용은 그 규모가 작으며 거의 정체상태에 있다. 노동자에게 일할 기회를 제공하거나 직업능력을 높이기 위한 적극적 노동시장 정책 분야의 지출이나 실업에 처한 노동자에게 제공하는 소득 보장의 지출 규모는 매우 작다.

결국 이 그림이 보여주는 것은 일본의 사회보장지출이 고령자 위주로 이루어지고 있으며, 급속한 고령화와 더불어 고령자 관련 사회보장비용만이 빠르게 증가하고 있다는 것이다. 문제는 앞으로도 고령자와 관련된 사회보장비용이 더욱 빠르게 증가하기 때문에 일본 정부가 젊은 세대를 위한 지출을 늘리기 어렵다는 점이다.

후생노동성에서 30년간 근무하면서 저출산 업무를 담당한 이후 중의원 의원으로 활동했던 오이즈미 히로코(大泉博子)는 1990년대에 일본 정부가 고령자의 개호보험에 우선 순위를 두면서 저출산 문제가 뒤로 밀렸다고 지적한다(大泉, 2016). 정치가나 관료 중에는 저출산 문제를 경시하는 사람들이 많았고, 여성의 일로 치부하는 경향이 있었다고 한다. 그 결과가 위 그림에서 확인한 사회보장비용의 정책 분야별 차이에 반영되어 있다고 할 수 있다. 개호보험제도가 1997년에 성립되어 2000년부터 시행되었던 반면 저출산 문제를 해결하기 위한 독립된 재원이 마련되지 못하면서 출산율이 계속해서 하락하는 결과를 가져온 것이다.

증세 문제를 해결하지 못한 일본 정부

고령자 정책을 우선한다고 해도 일본 정부가 지출 여력이 있다면 젊은 세대에 대한 지원을 크게 늘릴 수 있다. 일본 정부가 이러한 지원에 적극적으로 나서지 못한 이유는 막대한 정부채무로 인해 지출을 늘릴 여력이 없기 때문이다.

일본은 사회지출 규모와 국민부담률 사이의 괴리가 큰 나라이다. 대다수 국가에서 이 둘이 균형을 이루고 있는데 반해 일본은 1990년대 이후 고령화가 빠르게 진행되었지만 국민부담률을 높이지 못했기 때문에 괴리가 커지게 되었다(財務省, 2020). 따라서 일본 정부는 모자라는 사회보장비용을 충당하기 위해 지금도 매년 국채를 발행하고 있다.

1955년에만 해도 일본은 저부담·저복지 국가였는데 1990년까지는 사회지출 규모도 커지고 국민부담률도 증가했다. 그렇지만 2015년에는 국민부담률은 거의 변하지 않았는데 사회지출 규모가 크게 증가했다. 1990년~2015년은 고령자 수가 매년 큰 폭으로 증가하고 고령자 비율도 빠르게 증가해 초고령사회로 접어든 시기였는데, 이 기간에 일본 정부는 증세 등을 통해 국민부담률을 높이는 정책을 실시하지 않았다. 만약 이 시기에 과감하게 증세 조치를 취했다면 일본 정부의 채무는 현재와 같이 심각한 상태가 되지 않았을 것이다. 일본 정부가 증세 대신 국채발행이라는 손쉬운 수단을 선택하면서 1990년대 중반부터 국채발행액이 빠르게 증가했다.

일본 정부가 증세를 하지 못한 것은 국민의 저항이 컸기 때문이다. 일본 국민들의 증세에 대한 저항을 확인한 첫 번째 선거는 1979년의 중의원 선거였는데, 당시 오히라 마사요시(大平正芳) 수상은 재정재건을 위해 일반소비세를 도입하겠다는 결정을 내렸다. 이에 대해 여야당을 비롯해 노동단체, 상공단체, 소비자단체가 맹렬히 반대했고, 결국 선거 도중에 소비세 철회를 밝혔지만 자민당은 과반수 의석을 얻는 데 실패했다. 이후에도 증세가 이슈가 되어 여당이 선거에서 패배한 경우는 여러 번 있다.

일본 정부가 3%의 소비세 도입을 결정한 것은 1988년의 일이다. 1996년에는 소비세를 5%로 인상하는 법안을 통과시켰다. 정권 교체로 민주당이 집권했던 2012년에는 소비세를 두 차례에 걸쳐 10%로 인상하는 법안을 통과시켰다. 소비세 8% 인상은 2014년 4월부터 시행되었고, 소비세 10% 인상은 시행 시기가 두 차례 연기되어 2019년 10월부터 실시되었다. 소비세 3% 도입에서 10%로 인상하기까지 무려 30년이 걸린 셈이다. 이런 과정을 거치면서 일본 정치가들 사이에서 증세를 주장하면 선거에서 패한다는 생각이 자리 잡게 되었다.

소비세를 두 차례 인상했음에도 불구하고 일본 정부의 채무문제는 조금도 나아지지 않았다. 코로나19 사태를 겪으면서 국채 발행액은 더욱 증가했고, 향후 예상되는 사회보장비용의 증가에 대응하기 위해서는 소비세율을 크게 올려야 한다는 주장도 나오고 있다.

04
해결의 과제

지금까지 일본 정부의 저출산 정책의 핵심 내용과 그 한계에 대해 살펴보았다. 그렇다면 저출산 문제를 해결할 수 있는 해법은 무엇인가? 저출산 문제는 여러 요인이 복합적으로 얽혀서 생긴 문제인 만큼 특단의 해법은 없다. 저출산 정책의 기본원칙을 명확히 설정하고 국민적 합의를 얻어 지속적으로 실천해나가는 수밖에 없다. 이하에서는 해결을 위한 과제로서 다음과 같은 두 가지를 제시해본다.

육아지원이 국민의 사회적 책무라는 점에 대해 국민적 합의를 형성한다

먼저 일본 정부는 인구정책의 기본원칙을 수립해서 국민들을 설득하고, 이를 바탕으로 인구정책을 일관되게 시행해나가야 한다. 인구정책의 기본원칙이란 국가는 결혼과 출산에 대한 개인의 선택을 존중하지만 동시에 국가공동체의 존속을 위해 저출산 문제의 해결에 적극적으로 나서야 할 책무가 있다는 점, 그리고 사회 구성원으로서 모든 사람은 자신이 추구하는 라이프스타일에 상관없이 차세대 육성에 참여할 의무가 있다는 점이다. 일본 정부는 이것을 인구정책의 기본원칙으로 수립해 국민적 합의를 형성해야 한다.

그런데 1절에서 살펴본 바와 같이 일본 정부는 국가와 지자체, 사업주, 국민이 육아지원에 참여할 사회적 책무가 있다는 점을 법률에 규정함으로써 이미 인구정책의 기본원칙을 수립했다고 할 수 있다. 다만 이것이 당위성이나 방향성을 제시한 차원에서 그칠 것이 아니라 국민들의 지지와 동의를 얻어 실질적인 구속력을 갖는 원칙이 되도록 노력할 필요가 있다.

차세대 육성의 부담을 진다는 것은 '육아의 사회화'를 의미한다. 육아의 사회화란 자녀양육에 엄청난 비용이 들어가기 때문에 사회가 이것을 부담함으로써 가족을 형성해 아이를 낳고 싶은 사람이 안심하고 출산할 수 있도록 도움을 주는 것이다. 사회 구성원 모두가 육아의 책임을 분담함으로써 젊은 세대가 자녀양육에 대한 경제적 부담으로부터 벗어나 다음 시대를 이끌어나갈 아이들을 잘 길러낼 수 있다.

사회 구성원 모두가 육아의 사회화에 참여해야 하는 이유는 다음 세대가 제공하는 노동과 서비스, 세금이나 사회보장비용 등의 금전적 부담, 공동체를 위한 헌신과 희생에 자신의 생활을 의지할 수밖에 없기 때문이다. 사회공동체가 이루어 놓은 사회시스템 위에서 우리의 삶이 이루어지고 있기 때문에 이것을 피할 수 있는 사람은 아무도 없다.

더욱이 경제적 지원을 넘어 사회 구성원 모두가 따뜻한 마음으로 아이를 기르는 가정을 응원한다면 육아를 하는 젊은 세대들은 더욱 힘을 얻을 것이다. 모두가 한마음으로 아이의 탄생을 축복해주고 아이가 자라는 것을 함께 기뻐하며 지켜봐주는 사회, 이런 사회에서 저출산 문제로 인한 걱정은 없을 것이다.

정의롭고 공평한 부담원칙에 대해 국민적 합의를 형성한다

육아의 사회화가 국민들에게 저출산 문제를 해결하는 방안으로 받아들여지면 국가는 국민들에게 이를 실천하기 위한 부담을 받아들일 것을 설득해야 한다. 국민들이 저출산 문제 해결의 당위성에 공감했다면 국민부담을 요구하는 일은 상대적으로 쉬울 수 있다. 그렇지만 현실적인 문제로 들어가면 누가 얼마를 부담할 것인지, 어떤 부담의 룰이 공평한지를 둘러싸고 이해가 충돌한다. 정치적으로 매우 부담이 되는 이러한 문제를 선거에서 표를 얻어야 하는 정부와 여당이 얼마나 책임감 있게 추진할 수 있을지가 의문이다.

앞에서도 언급한 바와 같이 일본 정부는 국민들의 증세에 대한 저항을 두려워해서 국민부담을 요구하는 일에 적극적으로 나서지 못했다. 전문가들이 20년 전부터 저출산 문제를 해결하기 위해 독립적인 재원을 마련해 육아지원의 충실화를 꾀해야 한다고 제언했지만 이러한 제언은 정책 의제로 제대로 검토조차 되지 못했다.

현재 기시다정부가 추진하는 이차원의 저출산 정책과 관련해 일본 국민들은 증세나 사회보험료 등의 부담이 증가하는 것에 대해 부정적이다. 각종 여론조사 결과를 보면 국민부담이 늘어나는 것에 반대한다는 응답이 압도적으로 많다. 이러한 국민 여론을 의식해 일본 정부도 증세를 하지 않겠다는 점을 강조한다. 일본 정부가 2023년 6월에 발표한 「어린이미래전략방침안(こども未来戦略方針案)」은 이차원의 저출산 정책의 기본 방침을 정리한 보고서인데, 여기에서는 국민의 추가부담이 발생하지 않도록 증세를 하지 않고 세출개혁과 특례공채 발행 등으로 필요한 재원을 확보한다는 입장을 내놓았다. 이처럼 확실한 재원이 마련되지 않은 상태에서 수조 엔의 추가 재원이 필요한 이차원의 저출산 정책이 과연 성과를 낼 수 있을지 지켜볼 필요가 있다.

국민부담률을 높이는 일은 매우 어려운 정치적 과제이다. 그렇지만 사회보장제도의 지속가능성을 확보하기 위해서는 국민부담률을 높일 수밖에 없다. 일본 정부는 육아지원이 국가 발전을 위한 투자임을 국민들에게 호소해 동의와 지지를 얻어야 한다. 정의롭고 공평한 부담원칙을 확립함으로써 국민들이 미래 세대를 위한 비용부담을 받아들이는 국민적 합의를 이룰 수 있도록 강한 정치력과 리더십을 발휘해야 한다.

5장

저출산 문제 해결, 기업이 나선다

- 기업에서 실천하는 저출산 대책   119
- 기업의 실천을 의무화하고 장려하는 일본 정부의 대응   127
- 중소기업의 실천 사례   133
- 대기업의 실천 사례   142

저출산 문제를 해결하기 위해서는 기업의 실천이 매우 중요하다. 일본에는 출산·육아를 지원하는 다양한 제도를 갖추고 있으며, 유연한 근로시간과 근로방식을 도입해 사원들의 일과 가정의 양립을 지원하는 기업이 많다. 이는 일본 정부가 지금까지 꾸준히 추진해 온 저출산 정책의 성과로 평가할 수 있다. 일본 정부는 일과 가정의 양립을 지원하기 위한 기업의 행동계획 책정과 공표를 의무화함으로써 기업의 실천을 이끌어냈다. 또한 다양한 인증제도를 도입해 열심히 실천한 기업의 노력을 적극적으로 평가함으로써 이러한 활동이 다른 기업으로 확산되도록 했다.

이 장에서는 일본 정부가 법으로 정한 출산·육아 지원제도와 기업의 행동계획 의무화 조치를 살펴본다. 그리고 이러한 정부 정책이 개별 기업에서 어떻게 시행되어 어떤 성과를 내고 있는지 중소기업과 대기업 사례를 통해 살펴본다.

01
기업에서 실천하는 저출산 대책

법률에 규정된 출산·육아지원제도와 기업의 실천

일본 기업들도 저출산 문제를 해결하기 위한 실천에 적극적으로 나서고 있다. 출산·육아를 충실하게 지원하는 제도를 갖추고 있는 기업이 많으며, 유연한 근로방식을 도입해 사원들의 일과 가정의 양립을 지원하는 기업도 많다. 일반적으로 대기업에서 법적 기준을 뛰어넘는 수준으로 지원제도를 운영하는 경우가 많지만 규모가 작은 중소기업에서도 개별 기업의 사정에 맞게 다양한 지원제도를 운영하는 것을 볼 수 있다.

[표 4]에서는 일본의 육아·개호휴업법(育兒·介護休業法)과 노동기준법, 남녀고용기회균등법에 규정되어 있는 출산·육아 지원제도를 임신 전부터 임신기, 출산기, 육아기의 시기로 구분해 제시했다. 각 시기별로 충

실하면서도 꼼꼼한 지원제도를 갖추고 있는 것을 볼 수 있다.

먼저 임신 전의 지원으로는 불임치료에 대한 지원이 있다. 체외수정 등 기본치료는 전부 보험이 적용되고 환자의 상태에 따라 추가적으로 필요한 치료 중 선진의료에 해당되는 것은 보험진료와 병행해서 이용할 수 있다.

임신기 지원으로는 임산부의 건강 검진을 위한 시간 확보 조치가 있는데, 임신 주수에 따라 검진 횟수가 달라진다. 또한 모성보호 차원에서 의사의 지시가 있는 경우 부담이 적은 업무로의 전환, 위험유해업무·시간외 노동·휴일노동·심야노동 제한 등의 조치가 취해진다.

출산기에는 출산휴가 및 휴직제도가 있다. 산모에게는 6주간의 산전휴가와 8주간의 산후휴가가 주어진다. 2022년 10월부터 출생 시 육아휴직(산후아빠육아휴직)제도가 생겼는데, 배우자가 출산한 남성은 자녀가 태어난 후 8주 이내에 4주간을 2회 분할해서 휴직할 수 있다.

자녀의 육아기에 들어서면 여성이 경력단절 없이 계속 일할 수 있도록 지원하는 다양한 제도가 있다. 가장 중요한 것은 육아휴직이다. 육아휴직은 자녀가 1세가 될 때까지 휴직할 수 있는 제도인데, 남편과 같이 사용하면 자녀가 1세 2개월이 될 때까지 1년간 육아휴직을 할 수 있으며, 자녀가 어린이집에 입소하지 못할 경우 최장 2세까지 연장할 수 있다.

자녀간호휴가는 자녀의 간호나 예방접종, 건강검진 등을 위해 자녀가 초등학교 입학 전까지 이용할 수 있다. 또한 육아를 위해 자녀가 3세가

[표 4] 법률에 규정되어 있는 일본의 출산·육아 지원제도

지원 시기	법정 지원제도
임신 전	불임치료의 의료보험 적용
임신기	건강검진 시간 확보
	혼잡을 피하기 위한 시차 출근·휴게시간 연장·근무시간 단축·작업제한·휴직 등의 조치 (의사의 지시가 있는 경우)
	건강관리조치(의사의 지시가 있는 경우 필요한 조치를 취함. 출산 후 1년까지)
	부담이 적은 업무로의 전환
	위험유해업무·시간외 노동·휴일노동·심야노동 제한(임신부터 출산 후 1년까지)
출산기	산전휴가(6주간)
	산후휴가(8주간. 업무금지 기간)
	출생 시 육아휴직(남성 배우자가 자녀 출생 후 8주 이내에 최대 4주까지 2회 분할 가능)
	해고 금지(산전·산후휴가 기간 및 이후 30일 간)
	해고 무효(임신 중 또는 출산 후 1년이 경과하지 않은 여성 노동자에 대한 해고는 원칙 무효)
육아기	육아휴직(자녀 1세까지 2회 분할 가능. 일정한 요건을 충족하는 경우 최장 2세까지)
	자녀간호휴가(초등학교 입학 전까지 자녀의 간호·예방접종·건강검진 등을 위해 연간 5일까지)
	단시간근무(3세 미만 자녀를 양육하는 노동자의 경우 1일 노동시간을 6시간으로 단축)
	소정외 노동 제한(자녀 3세 미만까지)
	시간외 노동·심야노동 제한(자녀 초등학교 입학 전까지)
	육아시간(자녀 1세 미만까지 노동시간 중 육아를 위한 시간을 1일 2회 각각 30분 이상 부여)
경제적 지원	출산육아일시금(건강보험 가입자의 경우 자녀 1명당 50만 엔 지급)
	출산수당금(산전·산후휴가 중 건강보험에서 1일당 임금의 3분의 2 지급)
	출생 시 육아휴직급여금 (고용보험 가입자로 출생 시 육아휴직을 했을 경우 휴직 전 임금의 67% 지급)
	육아휴직급여금 (고용보험 가입자로 휴직 개시 후 6개월은 휴직 전 임금의 67%, 6개월 이후는 50% 지급)
	산전·산후휴가 중이거나 육아휴직 중에 사회보험료(후생연금, 건강보험, 고용보험) 면제
공통사항	임신, 출산, 산전·산후휴가, 육아휴직 등을 이유로 한 해고 및 불이익 조치 금지
	상사, 동료로부터의 임신, 출산, 산전·산후휴가, 육아휴직 등에 관한 괴롭힘 방지 조치

자료: 후생노동성 홈페이지, 「여성 노동자의 모성건강관리 등에 대해(女性労働者の母性健康管理等について)」 등을 참고.

되기 전까지 1일 근무시간을 6시간으로 단축할 수 있는 단시간(短時間) 근무제도가 있다. 자녀가 1세가 되기 전까지 노동시간 중에 1일 2회에 걸쳐 각각 30분 이상을 육아를 위한 시간으로 이용할 수 있는 육아시간이라는 제도도 있다. 또한 자녀가 3세가 되기 전까지 소정외 노동이 제한되며, 자녀가 초등학교 입학하기 전까지는 육아를 위해 시간외 노동, 심야 노동이 제한된다.

경제적 지원으로는 출산육아일시금, 출산수당금, 출생 시 육아휴직급여금, 육아휴직급여금이 있다. 또한 산전·산후휴가 중일 때와 육아휴직 중에는 사회보험료가 면제된다.

그밖에 사업주의 의무사항이 있다. 사업주는 임신, 출산, 산전·산후휴가, 육아휴직 등을 이유로 해당 노동자에게 해고 및 기타 불이익을 주는 조치를 해서는 안 된다. 또한 사업주는 해당 노동자가 직장 상사나 동료들로부터 임신이나 출산, 산전·산후휴가, 육아휴직 등과 관련된 괴롭힘을 받지 않도록 방지해야 하는 의무가 있다.

지금까지 살펴본 지원제도는 법으로 정해져 있어 개별 기업이 반드시 따라야 하는 의무사항이다. 따라서 지원제도가 충실한 기업의 경우에는 이러한 의무사항을 바탕으로 법으로 정해진 수준을 넘어 지원하는 경우가 많다. 뒤에서 논의할 개별 기업의 사례에서 보듯이 육아휴직의 적용 기간을 늘려서 운영하거나 법으로 정해진 휴가 이외에 다양한 휴가제도를 운영하는 경우가 많다. 또한 육아 중인 사원의 재택근무를 인정해 일과 가정의 양립을 지원하는 기업이 증가하고 있으며, 매우 유연한 근무제도를 도입해 사원이 각자의 사정에 맞추어 일하는 근로방식도 널리 확산되고 있다. 직장어린이집을 운영해 육아를 지원하는 기업도 많으며, 출산축하금을 지급하는 기업도 많다.

남성의 육아휴직률을 높이려는 기업의 노력

이상으로 살펴본 바와 같이 일본 기업에서 시행하고 있는 출산·육아 지원제도는 매우 다양하다. 그렇다면 이러한 제도가 얼마나 잘 이용되고 있는지를 살펴보자. 제도가 잘 갖추어져 있더라도 제대로 이용되지 않는다면 저출산 문제를 해결하는 데 도움이 되지 않기 때문이다. 특히 남성들이 이러한 지원제도를 이용해 육아에 어느 정도로 참여하고 있는지가 중요하다.

육아휴직제도는 일과 가정의 양립에 핵심적인 제도이다. 일본에서 이 제도가 도입된 지도 어느덧 30년이라는 세월이 흘렀다. 많은 여성들이 육아휴직제도를 이용해 일과 가정의 양립을 도모하고 있으며, 이 제도 덕분에 여성이 경력단절 없이 일하는 계속취업률은 꾸준히 증가하고 있다.

반면 남성의 육아휴직률은 여전히 낮은 편이다. 남성의 육아참여가 높을수록 둘째 아이를 낳는 비율이 높은 것으로 확인된다는 점에서 남성의 육아휴직률을 어떻게 높일 것인가가 매우 중요한 과제라고 할 수 있다. 후생노동성이 2015년에 실시한 「제14회 21세기 성년자 종단조사(第14回21世紀成年者縱斷調査)」 조사에 따르면, 남성의 가사와 육아 참여가 없는 경우 둘째 아이 출산 비율은 10%에 불과하다(內閣府a, 2019). 반면 남성의 참여시간이 6시간 이상인 경우에는 둘째 아이 또는 그 이후 자녀의 출산 비율이 87.1%로 매우 큰 차이를 나타낸다.

후생노동성의 「고용균등기본조사(雇用均等基本調査)」에 따르면, 2021년에 여성의 육아휴직률은 85.1%인데 반해 남성의 육아휴직률은 13.97%에 불과한 것으로 나타난다(厚生勞働省 雇用環境·均等局 職業生活 兩立課, 2021). 이 수치도 그나마 최근 몇 년 동안 일본 정부가 나서서 육아휴직을 독려하면서 빠르게 증가한 결과인데, 2016년까지만 해도 남성의 육아휴직률은 2.65%에 머물러 있었다. 일본 정부는 2025년까지 남성 육아휴직률을 30%까지 끌어올리겠다는 목표를 제시한 바 있는데, 이러한 수치를 더욱 상향조정해서 기시다수상은 2023년 3월 기자회견에서 남성 육아휴직률을 2025년에 50%, 2030년에 85%로 높이겠다는 의지를 표명했다. 그리고 목표 달성을 촉구하기 위해 기업별 대응상황을 명시하도록 하고, 육아휴직에 적극적인 중소기업에 대한 지원을 검토하겠다고 밝혔다.

그런데 남성의 육아휴직 기간은 매우 짧다. 2021년 시점에서 육아휴직 사용기간을 보면 여성은 10개월 이상이 80.2%로 기간이 길다. 반면 남성은 5일 미만이 25.0%, 5~13일이 26.5%, 2주간~1개월 미만이

13.2%, 1~3개월 미만이 24.5%로, 3개월 미만이 89.2%나 된다(厚生労働省 雇用環境·均等局 職業生活両立課, 2021). 이처럼 압도적 다수의 남성이 단기간 육아휴직을 하고 있다. 육아휴직으로 인한 수입 감소, 직장 내 사정이나 이해도 부족, 동료에게 부담이 가는 것에 대한 미안함 등의 이유로 인해 남성이 장기간 육아휴직을 하기에는 여전히 장벽이 높음을 알 수 있다.

일본 정부는 육아휴직을 촉진하기 위해 2022년 4월부터 육아휴직을 2회에 걸쳐 분할 사용할 수 있도록 했다. 또한 육아휴직하기 쉬운 고용환경을 정비할 것과 기업이 본인 또는 배우자가 임신·출산한 노동자에게 육아휴직제도에 대해 설명하고 육아휴직의 의향을 확인하도록 하는 조치를 의무화했다. 그리고 2023년 4월부터는 노동자 1,000명 이상 기업에 대해 남성 사원의 육아휴직 상황을 외부에 공표하도록 의무화했다. 상장기업의 경우 유가증권보고서에도 그 사항이 기재된다.

이러한 흐름에 맞추어 기업 쪽에서도 남성의 육아휴직을 촉구하기 위한 다양한 노력을 하고 있다. 기업의 최고 경영자가 육아휴직을 장려하는 회사 방침을 전 사원에게 표명하고, 관리자가 사원의 육아휴직이 잘 진행되도록 관리하는 역할을 하는 기업이 많다. 또한 육아휴직에 대응해 직원의 다능화(多能化), 부서를 넘어선 협력체제를 구축하는 경우가 많은데, 특히 규모가 작은 기업에서 이런 대응책을 취하는 경우가 많다.

업무 부담이 커진 사원에게 금전적 보상을 하는 기업도 나오고 있다.

미츠이스미토모해상화재보험(三井住友海上火災保険)은 2023년 4월부터 육아휴직을 한 사원의 동료에게 최대 10만 엔의 일시금을 수당으로 지급하기로 했다. 직장 전체가 육아휴직을 기분 좋게 받아들이는 환경을 정비하기 위한 것이라고 한다.

   사원의 육아휴직 확산은 기업의 이미지 향상에도 도움이 된다. 일과 가정의 양립을 중시하는 기업이라는 점을 내세워 우수한 인재를 채용하는 데에도 보탬이 된다. 사원들의 일에 대한 만족도가 높아지고, 일하는 방식의 개선으로 이어져 업무의 생산성도 높일 수 있다.

02
기업의 실천을 의무화하고 장려하는 일본 정부의 대응

기업의 행동계획 의무화 조치

4장에서도 언급한 차세대육성지원대책추진법에서는 육아지원을 위한 기업의 사회적 책무를 강조하고 있다. 기업이 일과 육아의 양립을 개선하기 위한 행동계획을 책정해 실천하도록 하고 있다. 행동계획에는 계획 기간, 목표, 목표달성을 위한 대응책, 실시 기간을 명시한다. 상시 고용 노동자 101인 이상 기업은 행동계획을 책정해 대외적으로 공표하고 사원들에게 주지시키며, 그 내용을 관공청에 신고할 의무가 있다. 100인 이하 기업에 대해서는 노력 의무가 부과된다. 행동계획은 후생노동성이 운영하는 웹사이트 '양립지원광장'에 게재하거나 각 기업의 홈페이지, 광역자치체의 홍보지, 일간신문 등에 공표하면 된다.

여성이 직업생활에서 출산과 육아의 제약 없이 자기 능력을 발휘하는 사회를 실현하기 위해 제정된 여성활약추진법(女性活躍推進法)에서도 기업의 사회적 책무를 강조한다. 2015년에 제정된 이 법에서는 고용주로서 국가, 지방공공단체, 기업이 여성 활약상황에 대한 검토를 바탕으로 개선과제를 찾아내 이를 수치 목표로 제시하도록 하고 있다. 그리고 과제를 해결하기 위한 행동계획을 책정해 이를 대외적으로 공표하고 실천하도록 규정하고 있다. 상시 고용 노동자 101인 이상 기업은 행동계획을 책정해 공표할 의무가 있으며, 100인 이하 기업은 노력할 의무가 있다. 행동계획은 '여성의 활약추진기업 데이터베이스'에 등록하거나 각 기업 홈페이지에 공표하면 된다.

이처럼 기업의 행동계획이 정보공개의 대상이 되면서 개별 기업에서도 육아지원과 여성의 활약을 지원하는 적극적인 노력을 펼치고 있다. 후생노동성이 홈페이지에 발표한 자료에 따르면, 차세대육성지원을 위한 행동계획을 책정해 공표한 기업은 2022년 12월 기준으로 101~300인 이하 기업 3만 1,496개, 301인 이상 기업 1만 7,827개로, 공표 의무가 있는 기업의 99%가 행동계획을 공표했다. 반면 행동계획을 공표해야 할 의무가 없는 100인 이하 기업에서도 5만 4,163개 기업이 행동계획을 공표했다. 이러한 수치를 통해 전국 각지의 많은 기업에서 차세대육성지원에 관심을 가지고 정부 정책에 호응하고 있음을 알 수 있다.

인정기업제도를 통한 활동 장려

일본 정부는 행동계획에서 설정한 목표를 달성해 일정 기준을 충족한 기업에 대해 '인정기업'으로 인증하는 제도를 운영하고 있다. 기업의 신청을 받아 심사를 하고 후생노동대신의 이름으로 인증을 부여한다. 인정기업제도는 열심히 노력한 기업이 더욱 충실한 대응을 하도록 격려하고, 이러한 선진사례를 널리 알림으로써 다른 기업의 참여를 촉구하기 위함이다.

차세대육성지원을 적극적으로 실천한 기업에 주어지는 인증은 구루민(くるみん)과 플래티넘 구루민(プラチナくるみん) 인정기업이다. 구루민이란 아기를 포대기로 감싸 안듯이(包む, 구루무) 사회 구성원 모두가 아이를 감싸 안아 정성을 다해 길러낸다는 의미를 담고 있다. 플래티넘 구루민은 보다 높은 수준의 대응을 한 기업에 부여한다. 2022년에는 트라이 구루민이라는 인증도 생겼다.

구루민의 인증 기준으로는 남성 육아휴직률, 초등학교 입학 전 자녀가 있는 노동자에 대한 근무시간 단축조치, 소정외 노동시간의 삭감조치, 연차유급휴가 취득촉진 조치 등이 있다.

또 하나의 인증으로는 여성활약추진법에 의거한 에루보시(えるぼし) 인정기업이 있다. 후생노동성의 설명에 따르면 에루(L)는 레이디(Lady) 또는 노동(Labor) 등을 나타내며, 보시는 별(星, 호시)처럼 반짝반짝 빛을 내며 활약한다는 의미를 담고 있다고 한다. 항목1에서 5까지의 평가

기준을 충족한 항목 수에 따라 인정단계가 정해지는데, 에루보시 1단계, 2단계, 3단계가 있다. 에루보시 인정기업으로 인증을 받은 기업 중에서 여성활약추진 상황이 우량한 기업에 대해서는 플래티넘 에루보시를 부여한다.

에루보시의 인증 기준으로는 채용 경쟁률의 남녀 간 격차, 평균 계속 근무년수의 남녀 간 격차, 노동시간 등의 근무방식, 관리직에서의 여성 노동자 비율, 다양한 커리어코스의 유무 등이다.

[표 5]는 이러한 인증을 획득한 인정기업 수를 나타낸 것이다. 2023년 기준으로 구루민을 획득한 기업은 4,127개, 플래티넘 구루민을 획득한 기업은 549개이며, 트라이 구루민을 획득한 기업은 1개이다.

2023년을 기준으로 에루보시를 획득한 기업은 2,200개인데, 이 중에는 100인 이하 기업 490개가 포함되어 있다. 플래티넘 에루보시를 받은 기업은 34개인데, 이 중에는 100인 이하 기업 6개가 포함되어 있다. 이러한 수치를 통해 행동계획 책정과 공표의 의무가 없는 100인 이하 기업에서도 인정기업제도에 관심을 가지고 적극적으로 참여하고 있는 것을 알 수 있다.

인정기업으로 인증을 받은 기업은 인증 마크를 자사 상품이나 광고, 구인광고 등에 사용할 수 있다. 이는 기업의 대외적인 이미지를 높이고 좋은 인재를 채용하는 데에도 유리하게 작용한다. 개별 기업의 사례가 후생노동성에서 운영하는 사이트에 축적되면서 기업에 취직하려는 구

[표 5] 기업의 육아지원과 여성 활약을 장려하는 인증제도

	도입 연도	인증 기준	인증 마크	획득기업 수 (2023년 4월 기준)
구루민	2007년	남성 육아휴직률, 초등학교 입학 전 자녀가 있는 노동자에 대한 근무시간 단축조치, 소정외 노동시간의 삭감조치, 연차유급휴가 취득촉진 조치 등.		4,127개
플래티넘 구루민	2015년	구루민보다 높은 수준의 대응을 한 기업에 부여.		549개
트라이 구루민	2022년	개정 전의 구루민 인증 기준과 동일.		1개
에루보시	2016년	5개 평가항목 중 충족하는 항목 수에 따라 1~3단계 인증. 채용 경쟁률의 남녀 간 격차, 평균 계속근무년수의 남녀 간 격차, 노동시간 등의 근무방식, 관리직에서의 여성 노동자 비율, 다양한 커리어코스의 유무 등.		2,200개
플래티넘 에루보시	2020년	에루보시 3단계보다 높은 수준을 충족한 기업에 부여.		34개

자료: 후생노동성 홈페이지, 「직장에서의 육아지원(職場における子育て支援)」, 「여성활약추진법에 대한 대응상황(女性活躍推進法への取組状況)」 등을 바탕으로 정리

직자에게도 널리 활용되고 있는데, 관심 있는 기업이 가정친화적이고 여성친화적인지, 개인의 능력을 키워주는 인사제도나 근로환경을 갖추고 있는지를 알 수 있는 중요한 정보가 되고 있다.[8] 나아가 일본 정부는 인

---

[8] 여성 활약과 관련해 공개되는 정보는 여성 활약을 위한 기업의 행동계획, 월평균 잔업시간, 연차유급휴가취득률, 육아휴직률, 남녀별 직종 또는 고용형태의 전환 실적, 여성 노동자 비율, 성별로 본 채용 경쟁률과 여성 채용 비율, 평균 계속근무년수, 관리직에서 차지하는 여성 비율 등이다.

정기업의 인증을 받은 기업에 대해 정부기관에서 실시하는 공공조달에 가산점을 주고 있기 때문에 사업적 측면에서도 이점이 있다. 또한 일본 정책금융공고에서 자금을 대출받을 때 낮은 금리로 빌릴 수 있다.

03
중소기업의 실천 사례

이하에서는 노동자 300인 이하 중소기업 중에서 저출산 문제 해결을 위한 실천에 적극적으로 나서는 3개 기업의 사례를 살펴본다. 일반적으로 중소기업에서 적극적인 대응책을 펼치기 어려울 것으로 생각하기 쉽지만 개별 기업의 사정에 맞게 유연성을 발휘해 지원제도를 운영하고 있는 것을 볼 수 있다. 앞에서도 언급한 바 있는 후생노동성에서 운영하는 사이트를 검색해 적극적인 대응책을 펼치고 있는 대표적인 중소기업을 선정했다.

시니어라이프어시스트(株式会社シニアライフアシスト)

시니어라이프어시스트는 가가와현 다카마츠시(高松市)에서 유료노인

홈과 데이서비스센터를 운영하는 사회복지 전문기업으로 2003년에 설립되었다.[9] 2022년 기준으로 사원 수는 99명이며, 그중 여성이 74명으로 압도적으로 많다.

여성 사원의 비중이 높은 만큼 일과 가정의 양립을 위한 지원에 힘쓰고 있으며, 여성의 활약을 적극적으로 지원하고 있다. 이러한 노력을 인

[표 6] 시니어라이프어시스트의 기업 인증 및 수상 내역

	기업 인증 및 수상 내역
2007년	가가와현 육아·개호응원기업 수상
2009년	다카마츠시 육아지원 중소기업 수상
2012년	일하는 모자가정 응원기업 후생노동성 고용균등국장상 수상
2017년	유스 옐(Youth Yell) 인증, 구루민 인증
2018년	다카마츠 여성활약기업 수상
2019년	에루보시(3단계) 인증, 가가와여성활약지원상 수상, 플래티넘 구루민 인증
2021년	여성활약·육아지원 선도기업 우수상, 육아응원단 가가와현 지사상
2022년	사업소 건강선언 가가와현 지사상, 건강경영 우량법인2022 수상

자료: 가가와현의 취직·전직·인턴십 지원사이트 '워크서포가가와(ワクサポかがわ)'

---

[9] 시니어라이프어시스트의 실천에 대해서는 이 회사 홈페이지, 후생노동성의 양립지원광장(両立支援のひろば) 사이트, 후생노동성의 여성활약추진·양립지원종합(女性の活躍推進·両立支援総合) 사이트, 가가와현이 운영하는 취직·전직·인턴십 지원사이트(ワクサポかがわ)를 참고했다.

정받아 [표 6]에서 보는 바와 같이 중앙정부와 지자체로부터 각종 상을 수상하고, 구루민, 플래티넘 구루민, 에루보시 등의 인증을 획득했다.

가장 주목할 만한 대응책은 사원들이 개인 사정에 맞추어 일할 수 있도록 하는 유연근무제도이다. 이 회사에는 파트타임 노동자가 많은데, 도중에 그만두는 사람이 많은 점을 고려해 본인의 생활스타일에 맞추어 일할 수 있도록 38개의 근무패턴을 마련했다고 한다. 또한 잔업시간 삭감에 힘을 기울여 평균 잔업시간을 월 20시간 이내로 낮추었다. 사회복지 분야에서는 인재부족문제가 심각하기 때문에 좋은 인재를 확보하기 위해서는 좋은 근로환경을 갖추는 것이 무엇보다 중요하다는 관점에서 이러한 대응을 하고 있다.

육아휴직이나 육아를 위한 단시간근무제도도 개인 사정에 맞추어 자유롭게 근무시간을 설정할 수 있도록 매우 유연하게 운용한다. 육아휴직도 적극적으로 장려하고 있는데, 여성 사원의 육아휴직률은 100%로 휴직 후의 복귀율도 100%이다. 남성의 육아휴직을 촉구하기 위한 사내연수도 실시한다.

각종 휴가제도도 충실하다. 건강검진을 위한 휴가, 치료를 위한 휴가, 경조사 휴가 등이 있으며, 자녀간호휴가는 연간 7일이다. 또한 장기휴가를 장려하고 있는데, 매월 1명씩 1주간 연속 휴가를 기획해 지금까지 27명이 취득했다. 연중무휴로 24시간 운영하는 노인홈에서는 채택하기 어려운 장기 휴가이지만 사원의 만족도가 높아 계속 운영하고 있다고 한다. 태풍으로 학교가 휴교하거나 여름방학 중에 돌봐줄 사람이 없을 때 자녀를 데리고 출근하는 것도 가능하다.

소규모의 작은 기업이지만 사원의 커리어개발을 적극적으로 지원하고 있다. 회사가 인정하는 사회복지 관련 자격의 수강료를 보조하며, 자격 갱신에 필요한 연수를 근무시간 중에 받을 수 있고 비용도 회사가 전액 부담한다. 그리고 자격취득과 사내 경력을 승급기준으로 설정해 인사평가시스템을 투명하게 운영함으로써 능력 있는 여성이 관리직으로 승진할 수 있도록 지원하고 있다. 파트타임 노동자의 정규직 전환도 적극적으로 추진하고 있다.

플라자기획(株式会社プラザ企画)

플라자기획은 이와테현 오슈시(奧州市)에서 호텔 숙박업과 음식 서비스업을 하는 기업이며, 1985년에 설립되었다.[10] 2022년 기준으로 사원 수는 115명이며, 상시 근로자는 97명(남성 42명, 여성 55명)이다.

일과 가정의 양립을 위한 지원에 힘을 기울여 온 성과를 인정받아 구

10_ 플라자기획의 실천에 대해서는 이와테노동국(岩手労働局)(2019)에서 펴낸 「인정기업 호사례집(認定企業好事例集)」, 이와테현의 근로방식개혁(いわて働き方改革) 사이트, 이와테현의 취직지원(いわて就職氷河期世代活躍支援プラットフォーム) 사이트, 후생노동성의 양립지원광장 사이트와 여성활약추진·양립지원종합 사이트 등을 참고했다.

루민과 플래티넘 구루민, 에루보시(인정 3단계), 플래티넘 에루보시 인증을 획득했다. 또한 지자체에서 주는 장래세대응원표창 우수기업상을 수상하고 이와테여성활약인정기업의 인증을 획득했다. 이러한 수상과 인증으로 지역사회에서 주목을 받고 있다고 한다.

주목할 점은 중소기업이지만 일과 가정의 양립을 위해 법정 기준을 넘는 수준으로 지원제도를 운영하고 있다는 것이다. 육아휴직은 3세까지 연장 가능하고, 여러 차례 나누어 사용하는 것도 가능하며, 특별한 경우에는 6세까지 연장할 수 있다. 또한 자녀가 중학교 입학 전까지 소정외 노동을 면제하고 심야노동을 제한하고 있다. 마찬가지로 자녀가 중학교 입학 전까지 육아를 위한 단시간근무제도나 시차출근제도를 이용할 수 있는데, 이 제도는 손자를 돌보는 조부모도 이용할 수 있다. 자녀간호휴가는 자녀가 1인일 때 연간 6일, 2인 이상인 경우 연간 12일을 유급으로 사용할 수 있다.

사원들의 육아휴직도 적극적으로 권장하고 있다. 직원의 다능공화를 추진해 부서를 넘어선 횡적 협력체제를 확립했는데, 이러한 조치로 육아휴직하기 쉬운 환경이 조성되면서 임신한 여성의 육아휴직률과 복직률은 100%를 유지하고 있다.

육아 중인 사원의 능력향상에도 힘쓴다. 사내 임신·출산·육아에 관한 상담창구를 설치해 상담업무를 하고, 복귀하는 노동자를 위한 복귀지원 플랜을 도입해 복직 시 면담을 시스템화했다. 육아휴직 중에도 수시로 정보를 제공하고 세미나를 개최한다.

여성이 경력단절 없이 본인의 사정에 맞추어 일할 수 있도록 다양한 커리어코스를 운영하고 있는 점도 주목할 만하다. 이 회사의 업무 특성상 시간외 노동이 많아 결혼 또는 출산을 계기로 퇴직하는 여성이 많았기 때문에 이러한 제도를 도입한 것인데, 다양한 사원타입 선택제(무기고용 4개 타입, 유기고용 3개 타입)를 운영한 결과 최근 10년 동안 결혼이나 출산을 계기로 퇴직하는 사원은 나오지 않았다고 한다. 비정규직에서 정규직으로의 전환도 가능하다. 단시간 정사원 제도도 있는데, 근속년수나 연령, 이유를 불문하고 회사의 승인을 받아 단시간 정사원으로 전환할 수 있다.

근로방식의 다양성과 유연성을 확보하기 위해 도입한 사원타입 선택제는 여성뿐만 아니라 남성에게도 일하기 좋은 직장을 만들고 있다. 개인의 상황이나 생애단계에 맞추어 선택할 수 있도록 함으로써 모든 사원에게 편리한 제도로 이용되고 있는 것이다.

노동시간 개혁에도 힘을 기울여 월 평균 소정외 노동시간을 20시간 이하로 줄였다. 장시간 노동의 상한규제를 비롯해 잔업 없는 날, 정기휴일 설치, 유연한 근무제도, 관리자의 주 1회 점검 등을 통해 시간외 노동시간을 줄이는 데 성공했다.

사카타제작소(株式会社サカタ製作所)

사카타제작소는 공공산업용 금속제 절판 지붕의 부품이나 태양광 패널에 부착하는 금속부품 등의 설계, 개발, 제조, 판매를 하는 제조업체로 니가타현 나가오카시(長岡市)에 위치한다.[11] 1973년에 설립되었으며, 사원 수는 2020년 기준으로 165명(남성 126명, 여성 39명)이다.

이 기업은 잔업제로를 추진해 일하기 좋은 직장을 만들고, 남성의 육아휴직을 적극적으로 장려해 2018년부터 육아휴직률 100%를 달성하는 성과를 거두었다. 이런 점이 높이 평가되어 구루민, 플래티넘 구루민의 인증을 획득하고, 이쿠멘기업(남성의 양립지원 부문) 대상을 수상했다.[12] 이러한 인증과 수상 실적으로 미디어로부터 취재가 증가하면서 기업 이미지가 더욱 좋아지고, 채용모집에 지원자가 증가하는 효과가 있었다고 한다.

사카타제작소에서 근로방식개혁에 착수하게 된 계기는 2014년에 있었던 외부 강사의 강연이었다. 이 강연에 감동을 받은 사장이 잔업제로를 선언하고 잔업을 줄이기 위한 생산성 향상과 의식개혁을 펼쳐나갔다.

11_ 사카타제작소의 실천에 대해서는 이 회사 홈페이지, 후생노동성의 양립지원광장 사이트와 여성활약추진·양립지원종합 사이트, 후생노동성(2020)에서 펴낸 「이쿠멘기업상 수상 기업의 대응과 이후 상황(イクメン企業アワード受賞企業の取組とその後)」자료 등을 참고했다.
12_ 이쿠멘은 이쿠(育)+men의 합성어로 육아에 열심인 젊은 남성을 말한다. 2010년에 후생노동대신이 국회에서 저출산 문제를 해결하기 위해 '이쿠멘'이라는 말을 유행시킬 필요가 있다는 발언을 한 이후 유행어가 되었다.

그 결과 종래에 월 20시간이었던 잔업시간이 2016년에 월 1.1 시간으로 감소하는 성과를 거두었다.

이처럼 생산성을 높여 잔업시간을 줄일 수 있었던 비결은 전체 업무를 15분 단위로 점검해 시간에 비해 성과가 적은 업무, 중복되거나 특정 담당자에게 속인화(屬人化)되어 있는 업무를 명확히 드러낸 것이었다. 이를 통해 불필요한 업무를 없애고, 업무 매뉴얼 작성이나 철저한 인수인계 등을 통해 속인화를 해소했고, 사원의 다능공화를 추진했다. 또한 부서 간 업무의 시간에 따른 편중을 고려해 유연한 시차출근제도를 도입함으로써 불필요한 대기시간을 해소했다. 그리고 원격근무제도를 도입해 생산성과 효율성을 높이고 사원의 근무 만족도를 높였다.

속인화 해소와 다능공화로 특정 담당자가 없어도 업무가 신속하게 진행될 수 있게 되면서 급한 사정으로 쉬어야 하는 사원이 눈치 보지 않고 쉴 수 있게 되었다. 이로 인해 사원들 간의 협력도 좋아졌다고 한다. 이것은 육아휴직률을 높이는 데에도 도움이 되었다.

사카타제작소에서는 남성의 육아참여를 적극 장려하고 표창한다. 사장 스스로가 전 사원을 대상으로 한 조회시간에 육아휴직을 적극적으로 권장한다. 또한 육아휴직에 대한 관리직 교육을 실시해 상사가 잘 대응하도록 하고 있는데, 육아휴직으로 인한 업무 인수인계나 부서 차원의 대응을 통해 육아휴직을 하는 당사자의 불안을 해소하고 있다.

육아휴직으로 인한 수입 감소에 대해서도 총무과에서 사전에 계산을 해서 총수입 면에서 가장 유리한 육아휴직 방법을 제시해준다고 한다. 이런 노력이 성과를 얻어 2018년부터 남성의 육아휴직률이 매년 100%를 달성하고 있다.

04 대기업의 실천 사례

이번에는 노동자 1,000명 이상 대기업의 실천 사례를 살펴보기로 하자. 대기업이니 만큼 사원 복지 차원에서 다양한 지원제도를 운영하고 있는 기업이 많다. 법으로 정한 기준을 넘어서 다양한 출산·육아 지원제도를 마련하고 근로방식개혁을 추진해 일과 가정의 양립을 지원해 온 기업이 많다.

주가이제약(中外製薬株式会社)

주가이제약은 1925년에 설립된 제약회사로 도쿄도 주오구(中央区)에 위치하고 있으며, 2022년 기준으로 사원 수 5,103명(남성 3,540명, 여성 1,563명)의 대기업이다.[13] 여성의 활약을 적극적으로 지원해 균등·양립

13_ 주가이제약의 실천에 대해서는 이 회사 홈페이지, 후생노동성의 양립지원광장 사이트와 여성활약추진·양립지원종합 사이트를 참고했다.

추진기업 부문에서 후생노동대신 우량상, 가정친화적 기업 부문에서 도쿄노동국장 우량상 등을 수상했으며, 에루보시(3단계), 구루민, 플래티넘 구루민 인증을 획득했다.

주가이제약은 2005년부터 차세대육성지원을 위한 행동계획을 책정해 출산·육아지원에 나섰다. 일과 가정의 양립을 지원하기 위해 필요한 제도를 정비하고, 임신에서 출산, 복직에 이르기까지 이용 가능한 제도 및 절차에 관한 정보를 제공하는 전용 사이트를 개설했다. 이러한 실천 이후 그 다음 단계로 관리자의 역할에 중점을 두어 일과 가정의 양립을 지원하기 위해 관리자가 해야 하는 업무를 정리한 핸드북을 제작해 배포했다. 최근에는 모든 사원으로 대상을 확대해 다양한 방식으로 개인의 능력을 발휘할 수 있도록 지원하는 근로방식개혁을 추진하고 있다.

수년 전부터 역점을 두고 있는 것은 남성의 육아 참여 촉구이다. 이를 위해 육아휴직에 관한 정보를 게재한 '이쿠멘 특설 페이지'를 운영하고 있으며, 아이가 태어난 남성 직원과 상사에게 육아휴직을 촉구하는 메일을 발신하고 있다. 이러한 노력의 결과로 2014년에 4.1%였던 남성의 육아휴직률은 2016년에 28.8%로 상승했고, 2017년에는 52.0%로 상승했다.

육아휴직 후 원활하게 업무에 복귀할 수 있도록 지원하는 일에도 적극적이다. 휴직과 복직에 앞서 면담 프로그램을 운영하고 있으며, 출산휴가 또는 육아휴직을 하고 복귀하는 사원들에게 도움이 되는 사내 사이트도 개설하고 있다. 또한 중장기적인 관점에서 사원들의 커리어 발전을 고민하는 세미나를 실시하기도 한다. 출산·육아기에 있는 사원은 회사의 입장에서도 중요한 인재들이기 때문에 이들이 복직 후 커리어를 잘 발전시켜 나가도록 돕기 위한 것이다. 복직 후 육아에 도움을 주기 위해 사업소 내 보육시설도 운영하고 있다.

이 회사의 근로방식개혁도 주목할 만하다. 근로방식개혁의 핵심은 누구나가 일과 가정의 균형을 추구하면서도 자신의 능력을 최대한 발휘할 수 있도록 지원하는 것이다. 육아 중인 사원을 지원하기 위해 시작된 유연한 근로방식은 이제 모든 사원을 대상으로 일하기 좋고 다양성을 존중하는 방향으로 확장되고 있다.

최근에는 시간 제약의 유무에 상관없이 모든 종업원이 다양한 방식으로 활약할 수 있는 환경 정비에 역점을 두고 있다. 한 사람 한 사람의 사원이 자기실현을 목표로 자발적이고 능동적으로 일할 때 최대한의 능력을 발휘할 수 있다고 보기 때문이다. 이를 위해 자율적으로 재택근무와 사무실 근무를 조합한 하이브리드 근무를 할 수 있도록 하고 있다. 2012년에 재택근무를 처음 도입할 당시에는 대상자를 육아와 가족 간병, 심야·이른 아침에 국제회의에 참석하는 사원에 한정했다. 지금은 이용 대상자와 이용조건을 완화해 출근 전 또는 귀가 후에 일시적으로 재택근무를 할 수도 있다.

여성이 관리직으로 승진할 수 있도록 지원하는 데에도 적극적이다. 여성 리더십 프로그램을 도입해 관리직 후보자를 육성하고 이들이 차세대 리더로 성장할 수 있도록 돕고 있다. 이러한 근로방식개혁과 여성 리더십 프로그램 도입으로 출산 이후 경력단절 없이 계속 일하는 여성이 꾸준히 증가하고 있으며, 팀장, 계장, 과장을 맡으며 승진하는 여성도 증가하고 있다. 출산 후에도 해외출장이나 승진의 기회가 동등하게 주어진다. 2018년에 여성 관리직 비율은 13.3%를 나타냈는데, 최근 책정한 행동계획에서는 여성 활약을 더욱 추진해 2023년에 그 비율을 17%로 올리겠다는 수치 목표를 설정했다.

이토추상사(伊藤忠商事株式会社)

이토추상사는 세계 63개국에 120개의 거점을 갖고 사업을 하는 종합상사로 1949년에 설립되었다.[14] 도쿄도 미나토구(港区)에 위치하고 있으며, 2021년을 기준으로 사원 수는 4,381명이고 그중 여성이 1,032명이다.

저출산 문제를 해결하기 위한 활동에 앞장서 온 기업이라고 할 수 있는데, 2022년 4월에 근로방식개혁으로 사내 출산율이 1.97로 크게 상승했다는 발표를 해서 매스미디어의 주목을 받았다. 지금까지의 활동이 평가를 받아 균등·양립추진기업, 가족친화기업 부문 후생노동대신 우량상, 여성활약선진기업 내각부 특명담당대신상 등을 수상했다. 또한 구루민,

---

14_ 이토추상사의 대응책에 대해서는 이 회사 홈페이지, 후생노동성의 양립지원광장 사이트와 여성활약추진·양립지원종합 사이트를 참고했다.

플래티넘 구루민, 에루보시(2단계) 등의 인증을 획득했다.

충실한 출산·육아지원제도를 갖추고 있는데, 육아휴직은 자녀가 2세가 될 때까지 이용할 수 있다. 육아를 위한 단시간근무제도는 1일 90분까지 단축할 수 있고, 아이가 초등학교 졸업 시까지 이용 가능하다. 주중 근무일을 미리 3일, 3.5일, 4일, 4.5일 중에서 선택할 수 있는 제도가 있으며, 아이가 3세가 될 때까지 1개월 단위로 통산 1년간 이용할 수 있다. 그리고 0~3세 자녀가 있는 사원의 복직을 지원하기 위해 2010년에 사업소 내 탁아소를 개설했다. 일시 보육을 위한 탁아소 이용은 초등학교 취학 전까지 가능하다.

남성의 육아휴직률을 높이기 위한 활동에도 적극적이어서 2세 미만 자녀가 있는 남성 사원과 그 상사에게 육아휴직을 촉구하는 메일을 보내고 있다. 그 결과 2016년에 남성의 육아휴직률은 57.4%가 되었다. 육아휴직 후의 복귀에 도움을 주기 위해 상사도 참여하는 복직지원 연수를 실시한다.

이토추상사의 저출산 대응책으로 가장 주목을 받는 것은 근로시간의 탄력적인 운용이다. 앞에서 언급한 출산율 급상승의 배경으로 '아침형 근무제도'가 크게 기여했다는 평가를 받고 있다. 아침형 근무제도는 생산성 향상과 다양한 인재의 활약을 지원하기 위해 2013년에 도입한 것이다. [그림 13]에서 보는 바와 같이 오후 8시 이후의 근무를 원칙 금지하고, 오후 10시 이후에는 절대 금지하며, 오전 5~8시의 이른 아침 근무에

[그림 13] 이토추상사의 아침형 유연근무제도

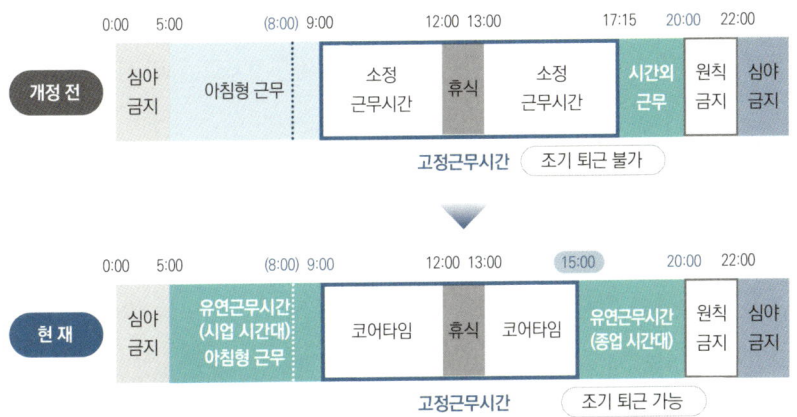

자료: 이토추상사 홈페이지.

대해서는 심야 근무와 동등한 할증 임금을 지급한다. 이 제도의 도입으로 월평균 시간외 근무시간이 약 15% 감소했다고 한다.

  2022년 5월부터는 아침형 근무제도를 더욱 발전시켜 코어타임이라고 불리는 고정근무시간을 줄이고 나머지 시간을 유연하게 활용하는 방식으로 바꾸었다. 이러한 변경으로 더욱 유연하게 근무시간을 설정할 수 있고 오후 3시에 퇴근하는 것도 가능해졌다.

  여성의 활약을 지원하는 데에도 적극적이다. 예전의 양립지원책이 여성이 경력단절 없이 계속 취업하는 것에 역점을 두었다면 이제는 커리어 형성과 능력개발에 중점을 두고 있다. 최근 여성 활약을 추진하기 위해 책정한 행동계획을 보면, 2021년~2024년에 채용에서 여성노동자의 비율을 25%, 전 직원에서 차지하는 여성 노동자의 비율을 25%로 설정했고, 관리직에서 차지하는 여성 노동자의 비율을 9%로 올리겠다는 목표를 설정했다.

관리직 여성의 목표 비율에서 알 수 있듯이 아직까지 여성의 관리직 비율은 높지 않지만 여성의 활약을 뒷받침하기 위한 노력을 기울이고 있다. 종합상사인 만큼 이 회사에서는 해외 주재가 커리어를 쌓는 중요한 경로이다. 따라서 여성 종합직이 출산 등으로 커리어 향상의 기회를 놓치지 않도록 해외 주재원으로 나갈 때 고교생 이하 자녀에 한해 동반을 인정하고, 어린 자녀에 대해서는 베이비시터 비용을 보조한다. 또한 출산기에 들어가기 전에 해외파견의 기회를 부여해서 여성이 중요한 커리어를 쌓을 수 있도록 지원한다.

지바은행(株式会社千葉銀行)

지바은행은 1943년에 설립되었으며 지바현 지바시(千葉市)에 위치하고 있다.[15] 사원 수는 2021년 기준으로 4,366명이며, 그중 여성이 1,845명으로 42%를 차지한다. 여성이 높은 비중을 차지하는 만큼 이 기업에

15_ 지바은행의 대응책에 대해서는 이 회사 홈페이지, 후생노동성의 양립지원광장 사이트와 여성활약추진·양립지원종합 사이트를 참고했다.

서는 여성이 일과 가정을 양립하면서 능력을 발휘할 수 있도록 충실한 지원을 하고 있다. 또한 남성의 육아 참여를 적극적으로 장려하고 있다.

이러한 활동을 평가받아 균등·양립추진 기업상, 이쿠멘기업상, 가족친화기업 부문 후생노동대신 우량상을 수상했으며, 구루민, 플래티넘 구루민, 에루보시(3단계), 플래티넘 에루보시 인증을 받았다.

주목할 점은 매우 충실한 출산·육아지원제도를 갖추고 있다는 것이다. [그림 14]에서 제시한 바와 같이 지바은행의 특징적인 지원제도를 살펴보면 다음과 같다.

임신기에 이용할 수 있는 휴가로는 자녀계획휴가, 임산부지원휴가, 특정치료휴가가 있다. 자녀계획휴가나 특정치료휴가는 자녀 갖기를 원하거나 불임치료를 원하는 사원을 지원하기 위한 휴가로 남녀 모두 이용할 수 있다. 임산부지원휴가는 임신 중 통원을 지원하는 휴가로 임신 중인 배우자와 함께 병원에 가는 경우에도 사용할 수 있다.

육아휴직은 아이가 만 2세(특별한 사정이 있는 경우는 만 3세)까지 할 수 있고, 육아휴직 개시 후 10일은 유급이다. 육아를 위한 단시간근무제도는 아이가 3세까지, 그리고 초등학교 1학년 자녀의 경우에는 2개월을 상한으로 1개월마다 분할해 이용할 수 있다. 초등학교 1학년은 학교가 일찍 끝나기 때문에 자녀 돌봄에 어려움이 생기는 점을 고려해 이러한 단축시간근무제도를 도입했다.

남성의 육아 참여를 촉구하기 위한 지원에도 적극적이다. 2014년부터 배우자가 출산 예정인 남성의 '육아아빠선언'을 의무화했고, 육아휴직을 5일 이상 사용하면 축하금 5만 엔(둘째 아이 10만 엔, 셋째 아이부터 30만 엔)을 지급한다. 또한 새내기 아빠에게는 육아지원을 위한 가이드북을, 상사인 관리직에게는 일과 육아의 양립지원에 관한 가이드북을 배포하고 있다. 이러한 노력으로 2018년부터 남성의 육아휴직률은 100%를 유지하고 있다고 한다.

육아 관련 비용 보조도 있다. 연장 보육, 베이비시터, 병중(病中) 아동 또는 병후(病後) 아동 보육에 대한 비용을 보조하고 있으며, 보육서비스를 제공하는 사업자와 제휴해 직원들이 보육소를 이용하기 쉽도록 하고 있다. 자녀간호휴가는 자녀가 중학교 입학 전까지 반일 단위로 이용할 수 있다.

육아휴직자의 직장 복귀를 지원하기 위한 프로그램도 다양하다. 2014년부터 육아휴직 중인 직원을 대상으로 단축 근무제도를 도입해 1일 6시간, 월 12일의 범위 내에서 근무할 수 있도록 하고 있다. 이는 복귀에 따른 불안을 해소하고 업무에 바로 적응할 수 있도록 돕기 위한 것이다. 이외에 육아 중인 직원의 커리어 향상에 도움을 주는 연수와 직장복귀 응원 세미나도 개최한다. 또한 직원의 조기 복직 지원을 목적으로 사업소 내 보육소 3개 시설을 설치해 운영하고 있다.

이처럼 매우 충실한 출산·육아지원제도는 여성의 활약에 큰 도움이 된다. 지바은행에서는 여성 인재육성 프로그램을 실시해 능력개발을 지원하고, 관리직 비율을 높이려는 노력을 하고 있다. 2022년 시점에서 여

[그림 14] 지바은행의 출산·육아 지원제도

자료: 지바은행 홈페이지.

성 관리직은 임원 4명, 부장 4명, 지점장·소장·부부장(副部長) 25명, 부지점장·차장 79명이며, 이들을 포함한 리더직 이상에 해당되는 인원은 모두 523명으로 그 비율은 27.2%이다. 최근 책정한 행동계획에서는 2026년에 리더직 이상의 관리직에서 차지하는 여성 비율을 30% 이상으로 높이겠다는 목표를 설정하고 있다.

근로방식개혁에도 적극적인데, 그 핵심은 유연한 근무제도이다. 출근시간을 오전 6시 30분부터 11시 45분 사이에 15분 단위로 선택할 수 있는 시차출근제도(셀렉트근무)를 실시하고 있으며, 일부 부서에서는 재택근무제도를 도입하고 있다.

또한 심신 건강한 근로를 중시해 앞에서 언급한 휴가제도 이외에도 다양한 휴가제도를 갖추고 있다. 연속휴가(5영업일 연속), 단기연속휴가(3영업일 연속), 스팟휴가(연간 5일), 스팟아워휴가(시간단위 휴가), 볼런티어휴가, 가족간호휴가가 있으며, 만 35세, 45세, 55세에 재충전을 위한 휴가(최대 21일) 등 연차유급휴가제도가 있다.

은행업을 둘러싼 변화에 유연하게 대응하기 위해 2017년에는 전 직원을 종합직으로 변경해 그 이전까지 커리어코스에 따라 직무나 승진에 제한을 두었던 장벽을 철폐하고 모든 직원이 다양한 업무에 도전할 수 있도록 했다. 일과 육아의 양립을 지원하기 위해 시작한 근로방식개혁은 개개인이 처한 다양한 상황을 고려하면서 최대의 능력을 발휘할 수 있도록 지원하는 방향으로 가고 있다.

글로벌 인구위기 민관 대응사례 02

6장

일본 사례가 한국에 주는 시사점

- 저출산 문제의 근본 해법은 청년세대가 안정된 경제기반을 갖는 것   155
- 일본보다 열악한 한국 청년세대의 경제기반   161
- '젊은 국가 대한민국'을 만들기 위한 과제   166

지금까지 이 책에서는 일본이 직면하고 있는 저출산 문제를 심층적으로 이해하기 위한 분석을 전개했다. 일본 인구문제의 출발점이라고 할 수 있는 근대 초기부터 현재까지 인구변화의 큰 흐름을 살펴보고, 1970년대 중반 이후 지속적으로 출산율이 하락한 원인이 무엇인지를 분석했다. 그리고 저출산 문제를 해결하기 위해 지금까지 일본 정부와 기업이 어떤 대응을 해왔는지를 분석했다.

이 장에서는 지금까지의 논의를 마무리하면서 일본이 취해야 할 위기 극복의 해법을 생각해 본다. 그리고 일본이라는 사례를 통해 우리가 얻어야 하는 교훈이 무엇인지에 대해서도 생각해 본다.

01
저출산 문제의 근본 해법은 청년세대가 안정된 경제기반을 갖는 것

유엔의 인구 통계를 이용해 1950년대 중반부터 2010년대 후반까지 전 세계 여러 나라의 합계출산율의 추이를 살펴보면, 근대화와 산업화를 거친 대다수 국가에서 합계출산율이 하락하는 것은 보편적인 현상임을 알 수 있다. 이에 대해서는 이미 1장에서 확인한 바 있다. 또한 여성의 노동시장 진출이 활발하게 일어나면서 선진국 내지 발전국가에서 합계출산율이 인구대체수준 이하로 하락하는 것도 보편적인 현상이 되고 있다.

현대인의 삶에서 자녀를 갖는다는 것은 자녀 양육에 많은 돈과 시간, 노력을 들여야 한다는 것을 의미한다. 자녀를 잘 길러내기 위해서는 육아뿐만 아니라 교육에도 많은 돈과 시간, 노력이 요구된다. 따라서 경제적으로 여유가 없는 부부는 자녀를 낳지 않거나 자녀를 적게 낳는 선택을 하게 된다. 결혼이나 출산, 육아가 삶의 기회를 제약한다고 생각하는 여성 중에는 결혼을 하지 않거나 자녀 수를 줄이거나 출산을 하지 않는 선택을 하는 사람들도 생겨나고 있다.

이런 시대에 살고 있기 때문에 출산율이 어느 수준을 유지할 것인지는 불확정적인 사안이 되었다. 세계은행에서 발표한 자료에 따르면, 2021년 기준으로 합계출산율 2.1 미만인 국가는 전 세계 211개 국가 중 111개 국가인 것으로 나타난다.

합계출산율 1.5 이상~2.1 미만인 국가로는 프랑스, 아이슬란드, 덴마크, 아일랜드, 호주, 스웨덴, 미국, 네덜란드, 독일, 영국, 노르웨이, 스위스 등 71개국이 있다(높은 순위부터 나열. 이하 동일).[16] 합계출산율 1.3 이상~1.5 미만인 국가로는 오스트리아, 핀란드, 캐나다, 포르투갈, 태국, 일본 등 27개국이 있다. 합계출산율 1.0 이상~1.3 미만인 국가로는 이탈리아, 스페인, 중국, 싱가포르 등 9개국이 있으며, 합계출산율 1.0 미만인 국가로는 한국, 홍콩(특별행정구) 등 4개 국가가 있다. 세계은행 자료에는 포함되어 있지 않은 타이완의 합계출산율은 0.98이다.

이러한 통계에서 알 수 있듯이 전 세계 선진국 또는 발전국가 중에서 저출산 문제로부터 자유로운 나라는 없다. 부모 세대와 자식 세대의 인

16_ 세계은행에서 발표한 2021년 전 세계 211개국과 타이완의 합계출산율은 GLOBAL NOTE(グローバルノート) 사이트에서 인용했다.

구가 같은 규모를 유지할 수 있는 인구대체수준이 합계출산율 2.1인 점을 고려할 때, 현재와 같은 출산율이 지속된다면 전 세계 절반이 넘는 국가들은 고령화와 인구감소의 문제를 피해갈 수 없다.

그렇지만 보다 중요한 문제는 인구대체수준 이하라고 해도 왜 어떤 국가는 상대적으로 출산율이 높고 어떤 국가는 1.0 이하의 극단적으로 낮은 출산율을 보이는가 하는 점이다. 그 차이는 결코 작지 않다. 상대적으로 출산율이 높은 국가에서는 고령화와 인구감소가 완만하게 진행되기 때문에 이에 대해 대응해나갈 수 있다. 반면 1.0 이하의 극단적으로 낮은 출산율을 보이는 국가에서는 너무도 급격하게 일어나는 인구변화에 대응하기 어렵다. 그러한 인구위기의 선두에 대한민국이 있다.

그렇다면 이제 일본의 출산율이 계속해서 하락해 온 원인을 다시 한번 정리해보자. 3장에서 확인한 바와 같이 출산율 하락의 주된 원인은 결혼하지 않는 젊은이가 증가한 것이고, 그중에서도 특히 고용 지위가 불안정한 남성 비정규직이 증가한 것이 중요하다.

일본에서 남성 비정규직은 꾸준히 증가해왔다. 어느 정도로 증가했는지를 연령별로 구분해서 살펴보면, 25~34세에서는 1990년의 21만 명에서 2022년의 80만 명으로, 35~44세에서는 1990년의 24만 명에서 2022년의 59만 명으로 증가했다. 이와 더불어 비정규직의 비율도 증가했는데, 25~34세에서는 1990년의 3.2%에서 2022년의 14.3%로, 35~44세에서는 1990년의 3.3%에서 2022년의 9.3%로 증가했다. 이런 수치를 통해 그 이전까지는 소수에 불과했던 비정규직이라는 고용형태가 1990년대에 경기침체를 극복한다는 명분으로 제도적으로 허용되고 확대되면서 확고하게 자리잡았음을 알 수 있다.

비정규직 노동자는 임금이 낮을 뿐만 아니라 제대로 된 교육훈련의 기회를 갖지 못해 단순업무만을 반복하는 경우가 많다. 따라서 연령이 올라가도 소득이 제자리에 머물러 있다. 또한 고용 지위가 기간이 정해진 유기계약에 의해 유지되는 만큼 경기변동에 따른 피해를 가장 먼저 입는다.

2022년 후생노동성의 「임금구조기본통계조사」에 나타난 남성 정규직과 비정규직의 임금 격차를 보면, 25~29세에서는 거의 차이가 없지만 연령과 더불어 그 차이가 커지면서 55~59세가 되면 정규직 임금이 비정규직 임금의 약 2배가 된다. 사회학자 하시모토 겐지(橋本健二)는 이처럼 낮은 임금에 고용 불안의 문제까지 안고 있는 비정규직 노동자를 언더클래스(Underclass)라고 불렀다(橋本, 2021).

이들의 불리한 지위는 가족 형성의 불리함으로 이어진다. 비정규직 남성의 미혼율은 매우 높다. 3장에서 확인한 바와 같이 30~40대 연령에서 비정규직 남성의 미혼율은 정규직 남성의 2~3배 정도로 높으며 생애미혼율은 50%가 넘는다. 50세가 되어도 비정규직 남성의 절반이 결혼을 하지 못하는 것이다. 이러한 수치는 정규직과 비정규직이 고용신분제가 되어 결혼할 수 있는 사람과 그렇지 않은 사람을 나누고 있는 냉혹한 현실을 그대로 보여준다. 이는 신분제에서 해방된 근대사회가 이루어낸 모두가 결혼하는 개혼사회가 무너지는 것을 의미하는 것이기도 하다.

한편 정규직이라고 해도 수입 전망이나 승진 전망이 밝은 것은 아니다. 비정규직이 늘면서 소수정예가 된 정규직 노동자의 노동강도는 더욱 세졌다. 이름만 정규직일 뿐 사실상 비정규직과 다름없는 노동자가 늘고 있는데, 정규직이라는 이유로 장시간 노동과 전근·배치전환을 강요받고, 회사에 충성할 것을 강요받는다. 편이점이나 식당 등 여러 업종에서는 계약직과 다름없는 최저임금을 받으면서도 정규직이라는 이름으로 모든 업무를 관리하고 고강도 책임을 떠맡는 경우도 많다.

이런 점에서 저출산 문제를 해결하기 위해서는 무엇보다도 청년세대가 안정된 경제기반을 갖는 것이 중요하다. 안정된 경제기반이 있어야 연애도 하고 결혼도 하고 아이도 낳을 수 있다. 비정규직으로 혼자만의 생계를 책임지기도 어렵고 여러 직장을 전전하며 미래에 대한 불안을 안고 살아가야 한다면 가족을 형성하는 것은 꿈조차 꿀 수 없다. 이런 현실을 외면한 채 저출산 문제의 해법을 논한다는 것은 매우 무책임한 태도라고 할 수 있다. 따라서 청년세대가 부모로부터 독립해서 안정된 일자리를 얻어 성실하게 일하면서 안정된 미래를 꿈꿀 수 있도록 지원할 필요가 있다.

최근에 와서 일본 정부도 이런 인식을 하고 있다. 4장에서 언급한 바 있는 「어린이미래전략방침안」에서는 청년과 육아세대의 소득을 늘리지 않는 한 저출산 문제를 해결할 수 없기 때문에 일본 정부가 나서서 이들의 소득을 높이기 위해 전력을 다하겠다는 입장을 명확하게 제시하고 있다. 이러한 인식에는 매년 출생아 수가 빠르게 감소하고, 아이를 낳을 수 있는 청년인구가 빠르게 감소하는 현실이 있다. 일본 정부는 지금이 일본에 남겨진 마지막 골든타임이라는 점을 여러 차례 강조한다.

02
일본보다 열악한
한국 청년세대의 경제기반

그렇다면 한국의 젊은이는 어떠한가? 한국 청년세대의 경제기반은 일본보다 더 열악하다. 모두가 선호하는 안정적인 대기업 일자리는 한국이 일본보다 적고, 대기업과 중소기업 간 임금 격차도 한국이 일본보다 크다. 한국은 대기업과 중소기업 간에 임금뿐만 아니라 고용환경이나 기업복지 등에서도 격차가 크다. 정부가 출산이나 육아를 지원하기 위한 복지제도를 잘 만들어도 이런 제도가 중소기업에서는 제대로 시행되지 않는다. 일본도 노동시장의 이중구조 문제가 있지만 한국은 일본보다 훨씬 심각하다.

이하에서는 몇 가지 통계 자료를 이용해 한일 간에 중소기업과 대기업 간의 격차가 어떤 양상으로 나타나는지를 확인해보기로 하자.

우선 대기업 일자리가 어느 정도가 되는지를 노동자 수를 기준으로 한 기업규모로 살펴보면 다음과 같다. 한국의 「사업체노동실태현황」과 일본의 「취업구조기본조사」를 이용해 양국의 기업규모별 노동자 비율을 비교하면, 2017년 시점에서 1,000명 이상 대기업은 한국이 9.5%인데 반해 일본은 24.9%로 차이가 크다.[17] 기업규모를 300인 이상으로 확대하면 그 비율은 한국이 18.4%, 일본이 37.0%이다. 일본이 한국보다 규모가 큰 기업의 비중이 높음을 알 수 있다.

그렇다면 이번에는 대기업과 중소기업 간 임금 격차를 살펴보기로 하자. 기업규모의 구분이 달라 엄밀한 비교는 어렵지만 한국의 「고용형태별 근로실태조사」와 일본의 「임금구조기본통계조사」를 이용해 2022년의 기업규모별 임금 격차를 살펴보면 다음과 같다.[18]

한국의 경우, 500인 이상 기업의 임금을 100.0으로 보았을 때 300~499인 기업은 83.2, 100~299인 기업은 77.0, 30~99인 기업은 69.9, 10~29인 기업은 70.3으로 그 차이가 크다. 일본의 경우, 1,000명 이상 기업의 임금을 100.0으로 보았을 때 100~999인 기업은 87.0, 10~99인 기업은 81.7이다. 이런 수치로 보았을 때 엄밀한 비교는 어렵지만 한국이 일본보다 대기업과 중소기업 간 임금 격차가 크다는 것을 알 수 있다.

17_ 한국과 일본 모두 상용근로자(고용계약기간이 1년 이상인 임금근로자와 회사 임원을 포함)를 대상으로 한 규모별 비율을 제시했다. 단 한국은 사업체 규모, 일본은 기업규모라는 점에서 차이가 있다.
18_ 정규직과 비정규직을 구분하지 않은 임금근로자의 정액급여를 기준으로 격차를 산출했다.

2019년을 기준으로 한일 양국 간 대졸 초임을 비교한 한국경영자총협회의 분석에서도 한국의 기업규모별 임금 격차가 일본보다 크다는 것을 확인할 수 있다(한국경영자총협회, 2021). 한국의 경우, 500인 이상 기업의 초임을 100.0으로 보았을 때 100~499인 기업은 75.7, 10~99인 기업은 65.9이다. 반면 일본의 경우, 1,000인 이상 기업의 초임을 100.0으로 보았을 때 100~999인 기업은 94.5이고, 10~99인 기업은 88.2이다.

한일 간 차이를 보여주는 또 하나의 중요한 지표는 비정규직 비율이다. [표 7]에서는 한일 양국의 비정규직 비율을 성별, 연령별로 제시했다. 2020년을 기준으로 한국과 일본의 비정규직 비율을 비교해보면, 남성의 경우 한국이 29.4%, 일본이 22.1%로 한국이 높다. 반면 여성은 한국이 45.0%, 일본이 54.4%로 일본이 높다.

주목할 점은 전 연령대에서 한국 남성의 비정규직 비율이 일본 남성보다 높다는 점이다. 그 비율을 보면 20~29세에서 한국이 36.4%, 일본이 27.4%이고, 30~39세에서는 한국이 18.5%, 일본이 11.2%이다. 40~49세에서는 한국이 18.9%, 일본이 8.1%이다.

반면 여성의 경우에는 30대와 40대에서 일본이 한국보다 비정규직 비율이 높다. 이러한 수치는 일본에서 30대와 40대의 기혼여성이 파트타임 노동자로 일하는 경우가 많은 것을 반영한다.

이처럼 한창 현역으로 열심히 일하면서 점점 더 좋아지는 미래를 꿈꾸어야 할 20대와 30대, 40대의 젊은이들에게 비정규직이라는 일자리

[표 7] 한국과 일본의 성별·연령별 비정규직 비율(2020년)　　　　　(단위: %)

	한국		일본	
	남성	여성	남성	여성
합계	29.4	45.0	22.1	54.4
15~19세	79.5	88.9	67.3	83.3
20~29세	36.4	38.9	27.4	36.3
30~39세	18.5	29.6	11.2	42.5
40~49세	18.9	37.5	8.1	54.2
50~59세	26.5	44.2	9.6	58.8
60세 이상	62.8	79.6	60.7	78.8

자료: 1) 한국 – 「경제활동인구조사」이며 통계청 KOSIS에서 검색.
　　　2) 일본 – 「노동력조사」이며 e-Stat(政府統計の総合窓口)에서 검색.

는 참으로 견디기 힘들 것이다. 언제까지 고용이 유지될지 모르는 불안한 상황에다가 소득이 높아질 것이라는 희망도 없다. 특히 한국의 30대와 40대 남성의 비정규직 비율이 20%에 근접하는 것은 매우 심각한 상황이다.

　여성의 입장에서도 비정규직이라는 고용 지위는 매우 힘들고 불안하다. 30대와 40대 비정규직 여성이 모두 가계 수입을 보태기 위해 일하는 기혼여성인 것은 아니다. 비정규직 여성 중에는 결혼하지 않고 불안정한 고용 지위에 남성보다도 더 낮은 임금으로 어렵게 살아가는 경우도 많다. 따라서 여성 비정규직 노동자가 안고 있는 어려움도 깊게 들여다보

아야 한다.

  지금까지 살펴본 몇 가지 지표만으로도 한국의 젊은이가 일본의 젊은이보다 훨씬 더 어려운 상황에 있음을 알 수 있다. 한국의 젊은이들은 누구나가 원하는 안정된 일자리로 가는 좁은 문을 통과하기 위해 어릴 적부터 치열하게 경쟁할 수밖에 없다. 그 경쟁에서 살아남지 못하면 평생 주눅이 들어서 살 수밖에 없다. 더욱이 그러한 경쟁에서 부모의 능력은 막강한 힘을 발휘한다. 부모의 사회경제적 능력이 교육격차를 낳고, 교육격차가 입학하는 대학을 결정하며, 이러한 격차가 다시 취업격차, 소득격차, 자산격차로 이어진다. 그리고 이러한 격차가 젊은 세대를 결혼할 수 있는 사람과 그렇지 않은 사람으로 나누고 있다. 이것이 출산율 0.78을 기록한 한국의 현실이다.

03
'젊은 국가 대한민국'을 만들기 위한 과제

그렇다면 한국은 저출산 문제를 해결하기 위해 무엇을 해야 하는가? 어떻게 해서 희망적인 미래를 만들어 나갈 것인가? 그 해법은 대한민국을 젊은 국가로 만들기 위한 노력을 지속하는 것밖에 없다. 모든 국민이 나서서 젊은 세대가 다시 일어설 수 있도록 지원해야 한다.

이미 인구위기의 한가운데 들어와 있는 대한민국

향후 한국의 인구문제는 매우 빠른 속도로 진행된다. 한국은 일본보다 인구문제의 출발점이 30년 정도 늦었기 때문에 아직까지는 일본보다 고령자 비율이 낮다. 그렇지만 고령화가 매우 빠른 속도로 진행되어 2050년에 일본을 추월한다.

인구가 감소하는 속도도 빠르다. 통계청이 2021년에 발표한 장래인구추계에 따르면, 한국의 총인구는 2020년부터 2070년까지 1,418만 명 감소한다. 같은 기간 유소년인구는 349만 명 감소하고, 생산연령인구는 2,001만 명 감소한다. 반면 고령인구는 932만 명 증가한다.

이처럼 향후 50년 동안 고령인구가 크게 증가하는 데 반해 생산연령인구가 큰 폭으로 감소하면서 한국은 근대 이후 그 어느 나라도 겪어보지 못한 인구 재생산에 매우 불리한 인구구조를 갖게 된다. [그림 15]에서 제시한 바와 같이 2070년에 한국은 고령인구가 46.4%로 가장 높은 비율을 나타내고, 생산연령인구가 46.1%, 유소년인구가 7.5%를 나타낸

[그림 15] 한국과 일본의 인구구조의 추이와 전망

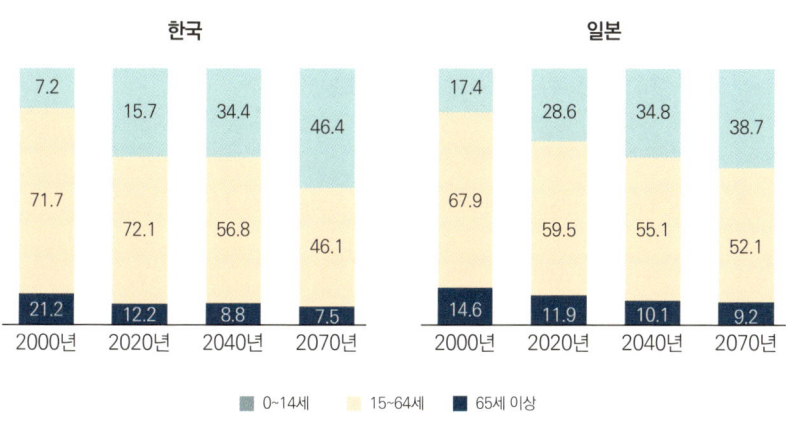

자료: 1) 한국 - 통계청(2021), 「장래인구추계: 2020년~2070년」.
　　 2) 일본 - 내각부(2023), 「고령사회백서」.
주: 추계 시기는 한국은 2021년, 일본은 2023년.

다. 반면 같은 시기에 일본은 고령인구가 38.7%, 생산연령인구가 52.1%, 유소년인구가 9.2%로 한국보다 고령인구 비율이 낮고 생산연령인구 비율이 높다.

이처럼 절반이 안 되는 생산연령인구가 엄청난 노년부양비를 감당하면서 경제성장의 동력을 만들어내는 일은 사실상 불가능하다. 2070년이 되기 훨씬 이전부터 한국의 생산능력은 크게 저하되고, 소비시장도 크게 위축될 수밖에 없다. 고령화로 인해 빠르게 증가하는 사회보장비용을 감당하지 못해 사회보장제도의 지속성에도 문제가 생길 수밖에 없다. 따라서 출산율을 높이지 않으면 국가시스템이 무너지고, 대한민국은 빠르게 쇠퇴와 소멸의 길로 가게 된다.

청년세대가 안정된 경제기반 위에서 능력을 발휘할 수 있도록 지원해야 한다

젊은 국가란 고령화로 빠르게 노화가 진행되는 국가와 대비되는 국가이다. 젊은 인구가 일정한 인구규모를 유지하고 사회 구성원으로서 당당하게 자기 역할을 하는 국가를 말한다. 젊은 국가를 실현하기 위한 핵심 과제는 젊은 세대가 안정된 경제기반 위에서 능력을 발휘하며 행복하게 살 수 있도록 지원하는 것이다. 그래야만 가족을 형성해서 출산율을 높일 수 있고, 고령화의 속도를 늦추고, 인구감소의 속도도 늦출 수 있다.

만약 이런 흐름을 만들어내지 못하면 고령화는 더욱 가속화되고, 인구감소는 더욱 빠른 속도로 진행된다. 최악의 상황은 한국에서 희망을 발견하지 못한 청년들이 대거 한국을 떠나는 일이 발생하는 것이다. 이렇게 되면 대한민국의 붕괴가 현실이 된다.

청년기는 인생의 여러 단계에서 가장 도전적이고 에너지가 넘치며 창의성이 발휘되는 시기이다. 청년기의 젊은이들은 학습능력이 뛰어나서 새로운 지식과 기술을 빠르게 흡수한다. 신체적으로도 발달해서 힘한 육체적 노동이나 위험도가 높은 일도 성실하게 해낸다. 나아가 유행을 선도하고, 새로운 문화의 흐름을 만들어낸다. 이처럼 중요한 역할을 담당하는 청년인구가 줄어든다는 것은 우리 사회가 정체되고 활력을 잃게 된다는 것을 의미한다. 생산성은 저하되고, 과학기술의 발전이나 첨단산업의 성장에도 문제가 생길 수밖에 없다. 사회가 필요로 하는 필수적인 노동과 서비스를 제공하는 데에도 어려움을 겪게 된다.

과거 고도성장기에는 젊은이가 자신의 노력만으로 독립해서 중산층 가정을 형성할 수 있었다. 고도성장이 멈춘 현재 비정규직 고용이 계속 증가해 열심히 일해도 가족을 형성할 수 없는 수준으로 낮은 소득에서 벗어나지 못하는 젊은이가 증가하고 있다. 이처럼 젊은이들이 안정된 일자리를 얻지 못하고 불안정한 삶을 사는 것은 우리 사회의 근간을 무너뜨리는 일이다. 따라서 젊은이가 부모의 사회경제적 지위에 상관없이 고등교육의 기회를 얻고, 안정적인 직업을 얻으며, 행복한 가정을 이룰 수 있도록 국가가 나서야 한다.

　그렇다면 어느 수준으로 어떻게 지원해야 하는가? 그 기준은 젊은 세대가 안정적인 일자리를 얻고 가족을 형성해서 안정적으로 살 수 있는 수준으로 지원하는 것이다. 안정적인 일자리를 얻을 수 있도록 정부가 나서서 적극적 노동시장 정책을 펼치고, 청년세대에 대한 비정규직 일자리를 엄격한 조건을 두어 제한하도록 제도를 정비할 필요가 있다. 일정 소득 수준에 미치지 못하는 젊은이에 대해서는 지원금을 지급해 생활을 보장한다. 그리고 공공임대주택을 크게 늘려 청년세대와 아이를 기르는 육아세대의 주거 불안을 해결해야 한다. 나아가 육아세대가 돈 걱정 없이 아이를 기를 수 있도록 출산과 육아, 교육에 드는 비용을 지원한다. 이런 정도의 파격적이고 체계적인 지원이 아니면 젊은 세대를 설득할 수 없다. 그리고 이런 수준으로 예측가능성을 가진 지원책이 마련되어야만 젊은이들도 기대를 가지고 결혼과 출산에 대한 인생설계를 할 수 있을 것이다.

　지금까지 열거한 지원책들은 하나의 예시로서 언급한 것에 불과하다. 전문가와 당사자인 젊은 세대들, 국민들의 참여 속에서 논의를 거듭해 체계적이고 정교한 지원책을 만들어야 한다. 특히 젊은 세대의 마음을 얻을 때에만 지원정책도 성공할 수 있기 때문에 젊은이들이 주체적으로 나서서 이 문제를 해결하는 데 앞장서도록 그들의 말에 귀를 기울여야 한다.

더 중요한 것은 이러한 지원책들이 정책으로 실현되기에는 많은 장애물이 있다는 점이다. 청년세대에 대한 우리 사회의 담론은 여전히 "젊어서 고생은 사서도 하는데 왜 청년을 지원해야 하느냐?" "이런 지원책이 청년의 도덕적 해이를 초래할 뿐이다." "돈 얼마 준다고 아이를 낳지 않는다."라는 것에 머물러 있다. 나아가 그 막대한 재원을 어디서 마련할 것인지, 그리고 청년세대만큼 다른 세대도 힘들다는 비판이 있을 수 있다.

이런 비판에 대해 정부가 할 일은 인구정책의 기본원칙을 명확히 세우고 국민들을 설득해서 동의와 지지를 얻는 일이다. 4장에서도 언급한 바와 같이 인구정책의 기본원칙이란 국가는 결혼과 출산에 대한 개인의 선택을 존중하지만 동시에 국가공동체의 존속을 위해 저출산 문제의 해결에 적극적으로 나서야 할 책무가 있다는 점, 그리고 사회 구성원으로서 모든 사람은 차세대 육성에 참여할 사회적 책무가 있다는 점이다. 정부는 아이가 태어나지 않으면 우리 삶의 토대가 되는 사회시스템 자체가 무너진다는 점을 강조하면서 국민들이 지금 당장이 아니라 20년, 30년 뒤를 내다보면서, 그리고 공동체적 시점에서 이 문제를 인식할 수 있도록 국민들을 설득해 나가야 한다.

우리는 기시다정부가 이차원의 저출산 정책을 들고 나온 배경에 주목할 필요가 있다. 현재 일본이 직면한 상황은 아이를 낳을 수 있는 가임 여성이 빠르게 감소하고 있는 것이다. 따라서 지금 당장 출산율을 파격적으로 높인다고 해도 한 해에 태어나는 아이 수를 크게 늘릴 수는 없다. 이

에 위기감을 느낀 일본 정부는 이차원의 저출산 정책을 통해 가족 관련 사회지출 규모를 스웨덴 수준으로 높이겠다고 공언했다. 만약 20년 전에 이런 정책을 썼더라면 보다 적은 비용으로 성과를 낼 수 있었을 것이다. 일본의 전문가들이 20년 전부터 어린이기금 등의 독립적인 재원을 마련해 파격적인 지원을 해야 한다고 제언했지만 이런 주장은 정책의제로 검토조차 되지 못했다. 인구학자 아토 마코토(阿藤誠)는 일본 정부의 저출산 정책을 가리켜 "Too Little, Too Late(예산액이 너무 적었고, 시기도 너무 늦었다)"라고 비판했다(NHKスペシャル '私たちのこれから' 取材班, 2016). 우리도 이런 비판을 새겨들을 필요가 있다.

일본보다 훨씬 낮은 출산율로 세계에서 가장 빠르게 고령국가로 가고 있는 한국은 일본보다 더 파격적이고 체계적인 지원정책을 써야 한다. 그래야만 젊은 세대의 마음을 얻을 수 있다.

청년세대의 정치적 대표성을 크게 높여야 한다

대한민국이 젊은 국가가 되기 위해 필요한 또 하나의 핵심 과제는 청년세대의 정치적 대표성을 크게 높이는 것이다. 그래야 젊은이들이 당당한 사회 구성원으로서 책임감을 가지고 자신들의 문제를 풀어갈 수 있다.

그런데 한국의 젊은이들은 대학에 들어가기까지 사실상 사회로부터 단절되어 있다. 모든 것이 대학 입시에 맞춰져 집과 학교, 학원을 왔다 갔다 하는 생활이 반복된다. 청소년 시절에 자기가 사는 지역에 관심을 가지고 지역 행사에 참여하거나 볼런티어활동을 할 수 있는 기회는 거의 없다. 또한 학교 수업에서 시민이자 주권자로서 자각을 갖게 만드는 교육은 이루어지지 않으며, 지금 일어나고 있는 사회문제를 다루거나 정치에 대해 논하는 것도 사실상 금지되어 있다.

대학생이 되어서도 마찬가지로 한국의 청년들은 취업을 위해 모든 에너지를 쏟는다. 취업을 하지 못한 사람은 졸업을 유보하거나 졸업 후에도 취직을 준비하면서 오랜 시간을 보낸다. 학업과 군대를 마친 남성 젊은이가 직장을 잡는 것은 빨라도 20대 후반이나 30대 초반이다. 군대는 가지 않지만 치열한 경쟁을 통해 취업의 좁은 문을 통과해야 하는 여성들도 직장을 잡기까지 오랜 시간이 걸리는 것은 마찬가지이다.

이처럼 한국의 청년세대가 성인기로 이행하는 시기는 유럽 국가나 미국 등에 비해 늦어지고 있다. 성인기 이행은 학교를 졸업하고, 취직을 하고, 부모의 집에서 나와 독립을 하고, 배우자를 선택해서 결혼해 부모가 되는 일련의 이벤트로 구성된다. 이런 과정을 거치면서 사회 구성원으로서 권리를 획득하고 의무를 다하는 당당한 시민이 된다. 그런데 청년의 고학력화가 진행되고 노동시장의 악화로 혼자서 생계를 꾸리기 어렵게 되면서 청년의 자립 시기가 뒤로 늦춰지고 있다. 이것은 선진국에서 공통적으로 나타나는 현상이지만 그중에서도 특히 한국은 청년세대의 성인기 이행과정이 장기화되고 있다.

한편 유럽에서는 청년기를 공부만이 아니라 다양한 사회참여활동을 통해 세상을 넓은 눈으로 보고 자기 자신을 깊게 들여다보면서 진로를 탐색하는 시기로 보는 경향이 강하다. 따라서 취미나 여가, 스포츠, 문화활동을 하면서 또래들과 교류할 수 있도록 학교 밖에서의 단체활동을 적극 장려한다. 지역에서 사회체험활동이나 볼런티어활동에 참여할 수 있는 기회도 많다. 유럽 국가 중에서도 청년의 사회참여활동이 매우 활발한 스웨덴에서는 청년단체를 통해 젊은이의 목소리가 사회에 반영되도록 함으로써 그들의 사회적 영향력을 높이는 것을 중시한다(両角, 2021). 이를 위해 정부가 청년단체에 적지 않은 규모의 조성금을 지원해 활동을 장려한다.

유럽에서는 정당의 청년조직 활동도 활발하다. 스웨덴이나 핀란드 등 여러 나라에서는 10대 청소년도 정당의 청년조직에 가입해 활동할 수 있다. 따라서 10대 후반 또는 20대 초반에 청년조직에서 활동을 하면서 시민활동가로서, 예비정치가로서 역량을 쌓은 청년들이 많다. 유럽의 30대 또는 40대의 젊은 총리나 국회의원, 지방의회 의원 중에는 이러한 경로를 거쳐 정치가가 된 사람이 많은데, 이들이 청년세대의 목소리를 적극적으로 반영하며 정치의 새로운 흐름을 만들고 있다.

유럽 각국의 국회에서 젊은 정치인의 비중이 높은 것은 국제의원연맹이 발표하는 보고서에도 잘 나타나 있다(IPU, 2021). 2021년에 발표한 보고서에 따르면, 각국 국회의원(하원 또는 단원제 의회) 중에서 40

세 미만 의원이 차지하는 비율은 이탈리아 42.7%, 스웨덴 31.4%, 프랑스 23.2%, 영국 21.7%, 독일 11.6%, 미국 11.5%, 일본 8.4%, 한국 3.7%로 한국의 순위는 110개 국가 중 107위이다. 연령을 30세 미만으로 낮추면, 그 비율은 스웨덴 9.4%, 이탈리아 6.8%, 프랑스 5.6%, 영국 3.7%, 미국, 0.5%, 독일 0.4%이며, 한국과 일본은 0%이다. 이런 수치를 통해 한국 정치가 얼마나 청년세대에 대해 진입장벽이 높은지를 알 수 있다. 특히 정치가 보수화되고 파벌화된 일본보다도 더 막혀있다는 점에 주목할 필요가 있다.

그런데 고령화가 된다는 것은 그만큼 고령인구의 정치적 영향력이 커진다는 것을 의미한다. 정치가들은 유권자로서 큰 규모를 나타내고 투표에도 적극적인 고령세대의 눈치를 보지 않을 수 없다. 따라서 고령화가 진행될수록 고령자의 이익에 반하는 개혁은 사실상 불가능하다. 이를 실버 민주주의의 폐해라고 한다.

이러한 실버 민주주의의 폐해가 일본에서는 이미 현실이 되고 있다. 일본에서는 고령자에 편중된 사회보장제도를 바꾸어야 한다는 주장이 오래 전부터 제기되었기 때문에 일본 정부는 모든 세대가 함께 부담하고 함께 혜택을 누리는 전세대형(全世代型) 사회보장개혁을 추진하겠다고 약속했다. 그렇지만 고령자의 강한 반대에 부딪쳐 사실상 제대로 된 개혁은 이루어지지 못하고 있다. 사회보장의 부담과 혜택을 둘러싼 세대 간 불공평 문제는 청년세대의 불만을 키우고 있어 향후 일본에서 사회보장제도의 근간을 흔들 뿐만 아니라 경제사회시스템의 지속 가능성을 무너뜨리는 중대한 문제가 될 수 있다.

우리는 이런 상황이 한국에서도 그대로 재현될 수 있다는 점에 주의해야 한다. 앞에서도 살펴본 바와 같이 한국은 조만간 고령인구가 빠르게 증가하고 청년인구가 대규모로 감소하는 사태를 맞게 된다. 이렇게 되면 청년세대의 정치적 영향력은 더욱 줄어드는 반면 고령인구의 정치적 영향력은 더욱 커진다. 따라서 한국도 일본과 마찬가지로 필요한 개혁을 하지 못해 장기간의 침체에 빠질 수 있다. 이런 점에서 세대 간 연대와 협력의 좋은 모델을 만드는 것이 매우 중요한 과제가 된다.

일본에서는 고령자가 아닌 다른 세대의 정치적 영향력을 높이기 위한 투표법에 대한 제안도 이루어지고 있다. 여러 제안이 있는데, 그중에서 이호리 도시히로(井堀利宏) 도쿄대 명예교수는 세대별 선거구제를 제창했다. 이것은 유권자의 인구 구성비에 따라 각 세대의 대표를 국회에 보내는 방식으로 연령에 따라 청년구, 중년구, 노년구 등으로 구분해 인구비례에 따라 의원 정수를 정한다(八代, 2016). 이런 식으로 청년세대의 인구규모에 비례하는 정도만이라도 그들의 대표성을 실현하고자 하는 것이다. 이런 발상이 그대로 실현되기에는 현실적인 어려움이 있다. 아직은 일부 사람들 사이에서 논의되고 있는 정도여서 많은 사람들의 지지를 얻을 수 있을지 좀 더 지켜봐야 할 것이다. 자칫 세대 간 갈등만 확대시킬 우려도 있다.

그렇지만 우리 사회도 이 문제를 진지하게 검토할 필요가 있다. 청년 할당제를 비롯해 청년세대의 대표성을 높이기 위한 다양한 시도를 할 필요가 있다. 공적인 영역에 젊은 세대가 적극적으로 참여해 자신들의 의견을 반영시킬 수 있도록 정치권을 비롯해 시민사회가 적극적으로 나설 필요가 있다. 그래야 청년세대가 주인 의식과 책임감을 가지고 사회를 바꾸는 능동적 역할을 할 수 있다.

참고문헌

국내문헌

신정완(2017), "1930년대 스웨덴 인구문제 논쟁에서 제시된 뮈르달 부부의 가족정책 구상의 이론적, 철학적 기초", 「스칸디나비아연구」 제19호, pp.51-96.

조민주·배정윤·임현철(2022), "한국과 주요 선진국 노동시간 규제 현황 비교", 「KIPA ISSUE PAPER」, 통권 120호, 한국행정연구원.

한국경영자총협회(2021) 「우리나라 대졸초임 분석 및 한·일 대졸초임 비교와 시사점」.

국외문헌

加藤久和(2011), 『世代間格差: 人口減少社会を問いなおす』, 筑摩書房.

加藤久和(2016), 『8000万人社会の衝撃: 地方消滅から日本消滅へ』, 祥伝社.

江原由実子(1992), 「女性問題と人口問題」, 『季刊·社会保障研究』 Vol.28, No.3.

こども未来戦略会議(2023), 「こども未来戦略方針案」(内閣官房 資料).

関西経済同友会(2017), 「若者政策を国家戦略の柱に: 若者の自律を支え, 人口減少による国力低下を乗り越える」.

広井良典(2019), 『人口減少社会のデザイン』, 東洋経済新報社.

橋本健二(2021), 「もう自助努力だけでは抜け出せない!: ニッポンのアンダークラス」(2021.3.23 nippon.com).

国立社会保障·人口問題研究所(2022), 「第16回出生動向基本調査 結果の概要」.

宮本みち子(2017),「日本における成人期への移行モデルと若者政策: 家族と仕事の変容から」,『家族関係学』No.35.

宮本みち子・佐藤洋作・宮本太郎 編集(2021),『アンダークラス化する若者たち: 生活保障をどう立て直すか』, 明石書店.

宮坂靖子(2012),「大正期における産児調節運動の展開と普及: 産児調節相談所の活動とその利用者」,『家族関係学』No.31.

鬼頭宏(2011),『2100年, 人口3分の1の日本』, メディアファクトリー.

吉川洋(2016),『人口と日本経済』, 中央公論新社.

内閣府a,『少子化社会対策白書』(2017年, 2019年, 2020年, 2022年).

内閣府b,『高齢社会白書』(2018年, 2020年, 2023年).

内閣府c,『男女共同参画白書』(2020年, 2022年).

内閣官房・内閣府・財務省・厚生労働省(2018),「2040年を見据えた社会保障の将来見通し」(内閣府 資料).

大泉博子(2016),「少子化対策はなぜ効果をあげられないのか: 問題の検証と今後の展望」,『政策オピニオン』NO.33, 平和政策研究所.

藤田菜々子(2009),「1930年代スウェーデン人口問題におけるミュルダール: '消費の社会化'論の展開」,『経済学史研究』51巻 1号.

藤波匠(2020),『子供が消えゆく国』, 日本経済新聞出版社.

落合恵美子(1997),『21世紀家族へ: 家族の戦後体制の見かた・超えかた』, 有斐閣.

両角達平(2021),『若者からはじまる民主主義: スウェーデンの若者政策』, 萌文社.

山本起世子(2011),「生殖をめぐる政治と家族変動: 産児制限・優生・家族計画運動を対象として」,『園田学園女子大学論文集』第45号.

山田昌弘(2007), 『少子社会日本: もうひとつの格差のゆくえ』, 岩波書店.
山田昌弘(2014), 『家族難民: 生涯未婚率25%社会の衝撃』, 朝日新聞出版.
山田昌弘(2019), 『結婚不要社会』, 朝日新聞出版.
山田昌弘(2020), 『日本の少子化対策はなぜ失敗したのか? 結婚・出産が回避される本当の原因』, 光文社.
山田昌弘・白河桃子(2008), 『'婚活'時代』, ディスカヴァー携書.
杉原直樹・高江洲義矩(2000), 「高齢化社会をめぐる用語の意味するもの」, 『老年歯学』第15巻 第1号.
上野千鶴子(2013), 『女たちのサバイバル作戦』, 文藝春秋.
小林慶一郎 編(2018), 『財政破綻後: 危機のシナリオ分析』, 日本経済新聞出版社.
小黒一正(2020), 『日本経済の再構築』, 日本経済新聞出版社.
速水融・小嶋美代子(2004), 『大正デモグラフィ』, 文藝春秋.
松谷明彦・藤正巌(2002), 『人口減少社会の設計: 幸福な未来への経済学』, 中央公論新社.
松谷明彦(2004), 『人口減少経済の新しい公式: '縮む世界'の発想とシステム』, 日本経済新聞出版社.
縄田康光(2006), 「歴史的に見た日本の人口と家族」, 『立法と調査』No.260.
市川宏雄(2015), 『東京一極集中が日本を救う』, ディスカヴァー携書.
阿藤誠(2000), 『現代人口学』, 日本評論社.
阿藤誠(2012), 「少子化問題を考える: 趨勢・背景・政策・展望」(第185回日本大学経済学部経済科学研究所研究会).
阿藤誠(2017), 「少子化問題を考える: 少子化の人口学的メカニズムを踏まえつ

つ」,『医療と社会』, Vol.27, No.1.

岩手労働局(2019),「認定企業好事例集」.

岩澤美帆(2002),「近年の期間TFR変動における結婚行動および夫婦の出生行動の変化の寄与について」,『人口問題研究』58-3.

若林敬子(2006),「近年にみる東アジアの少子高齢化」,『アジア研究』, Vol.52, No.2.

NHKスペシャル'私たちのこれから'取材班, 2016,『超少子化: 異次元の処方箋』, ポプラ社.

NHKスペシャル取材班(2017),『縮小ニッポンの衝撃』, 講談社.

原田泰(2001),『人口減少の経済学: 少子高齢化がニッポンを救う!』, PHP研究所.

人口問題審議会(1997),「少子化に関する基本的考え方について: 人口減少社会, 未来への責任と選択」.

日本再建イニシアティブ(2015),『人口蒸発 '5000万人国家' 日本の衝撃』, 新潮社.

財務省,『日本の財政関係資料』(2020年, 2023年).

猪口邦子(2009),「社会政策: 少子高齢化のアジアとEU比較」,『学術の動向』5月号.

荻野美穂(2008),「資源化される身体: 戦前·戦中·戦後の人口政策をめぐって」,『学術の動向』4月号.

赤川学(2018),「なぜ若者は結婚しないのか？コスパの悪さだけではない'日本の現実'」(2018.1.5. 現代ビジネス).

佐藤龍三郎(2004),「少子化の意味: 人口学的観点から」,『学術の動向』7月号.

佐藤龍三郎(2008),「日本の'超少子化': その原因と政策対応をめぐって」,『人口問題研究』64-2.

竹信三恵子(2017), 『正社員消滅』, 朝日新聞出版.

増田寛也 編著(2014), 『地方消滅: 東京一極集中が招く人口急減』, 中央公論新社.

村上芽(2019), 『少子化する世界』, 日本経済新聞出版社.

総務省統計局(2020), 『世界の統計』.

筒井淳也(2015), 『仕事と家族: 日本はなぜ働きづらく, 産みにくいのか』, 中央公論新社.

八代尚宏(2013), 『社会保障を立て直す』, 日本経済新聞出版社.

八代尚宏(2016), 『シルバー民主主義―高齢者優遇をどう克服するか』, 中央公論新社.

河野稠果(2007), 『人口学への招待: 少子·高齢化はどこまで解明されたか』, 中央公論新社.

河合雅司(2017), 『未来の年表: 人口減少日本でこれから起きること』, 講談社.

河合雅司(2019), 『未来の地図帳: 人口減少日本で各地に起きること』, 講談社.

荒川和久(2017), 「女性が直面する'稼ぐほど結婚できない'現実: 未婚化は低年収男性だけが原因じゃなかった」(2017.6.11. 東洋経済ONLINE).

荒川和久(2022), 「生涯未婚率「学歴」だけでこうも違う過酷な現実」(2022.6.19. 東洋経済ONLINE).

厚生労働省(2021), 『厚生労働白書』.

厚生労働省(2018), 「わが国の人口動態(平成28年までの動向)」(厚生労働省 資料).

厚生労働省(2020), 「イクメン企業アワード受賞企業の取組とその後」(厚生労働省 資料).

厚生労働省 雇用環境·均等局 職業生活両立課(2021), 「育児·介護休業法の改正について: 男性の育児休業取得促進等」(厚生労働省 資料).

Billari, Francesco C. and Hans-Peter Kohler(2002) "Patterns of Lowest-Low Fertility in Europe," Working papers of the Max Planck Institute for Demographic Research.

Caldwell, John C. and Thomas Schindlmayr(2003), "Explanations of the Fertility Crisis in Modern Societies: A Search for Commonalities," *Population Studies*, Vol.57, No.3.

European Commission(2001), *European Commission White Paper: A New Impetus for European Youth*, Commission of the European Communities.

IPU(2021), *Youth Participation in National Parliaments*, IPU 홈페이지.

Lesthaeghe, Ron(2014), "The Second Demographic Transition: A Concise Overview of its Development," PNAS.

Morland, Paul(2019), *The Human Tide*; 서정아 역(2020), 『인구의 힘: 무엇이 국가의 운명을 좌우하고 세계사의 흐름을 바꾸는가』, 미래의창.

United Nations(2021), *World Population Policies 2021*, United Nations.

United Nations(2022), *World Population Prospects 2022: Summary of Results*, United Nations.

Van de Kaa, D. J.(1987), "The Europe's Second Demogrphic Transition," *Population Bulletin*, 43-1.

저출산에 대응하는 주요 정책 및 지원 프로그램

☐ 정부부문

구분	주요 내용
정부지원의 법적 근거	• 노동기준법(労働基準法) • 남녀고용기회균등법(男女雇用機会均等法) • 육아·개호휴업법(育児·介護休業法)
재정적 지원	• 출산육아일시금 • 출산수당금 • 출생 시 육아휴직급여금(남성 배우자) • 육아휴직급여금 • 산전·산후 휴가 중과 육아휴직 중 사회보험료 면제
출산휴가	• 산전 6주, 산후 8주 • 출생 시 육아휴직: 남성 배우자가 자녀 출생 후 8주 이내에 최대 4주까지 사용 가능(2022년 10월부터)

육아휴직	• 자녀 1세까지 휴직
	  – 배우자와 함께 사용 시 자녀가 1세 2개월이 될 때까지 1년간 휴직
	  – 자녀가 어린이집에 입소하지 못할 시 최장 2년까지 연장 가능

자녀간호휴가	• 자녀 초등학교 입학 전까지 사용 가능
단축근무제도 및 노동 제한	• 단시간근무제: 자녀 3세 미만까지 1일 근무시간 6시간으로 단축 • 육아시간: 자녀 1세 미만까지 1일 2회 각각 30분 이상 • 소정외 노동 제한: 자녀 3세 미만까지 • 시간외 노동·심야노동 제한: 자녀 초등학교 입학 전까지
기업인증제도	• 구루민, 에루보시 등

(2023년 6월 기준)

□ 민간부문

구분	주요 내용
시니어라이프어시스트 (株式会社シニアライフアシスト)	• 유연근무제도: 38개의 근무패턴 • 잔업시간 삭감 • 충실한 휴가제도: 1주간 연속 휴가제도 등 • 자격증 취득을 위한 수강료, 자격갱신 연수비용 및 근무시간 내 지원 • 여성 근로자의 관리직 승진 적극 지원 • 비정규직의 정규직 전환
플라자기획 (株式会社プラザ企画)	• 육아휴직: 자녀 3세까지. 특별한 경우 6세까지 연장 가능 • 소정외 노동 면제 및 심야노동 제한: 자녀 중학교 입학 전까지 • 단시간근무제도와 시차출근제도: 자녀 중학교 입학 전까지. 손자를 돌보는 조부모도 이용 가능 • 육아휴직 적극 권장 및 육아휴직 복귀지원 플랜: 육아휴직 중 정보 제공과 세미나 개최, 복직 시 면담 • 다양한 사원타입 선택제: 무기고용 4개 타입, 유기고용 3개 타입 • 단시간 정사원 제도, 비정규직의 정규직 전환 • 잔업시간 삭감
사카타제작소 (株式会社サカタ製作所)	• 잔업시간 삭감을 위한 생산성 향상과 의식개혁 추진 • 유연한 시차출근제도와 원격근무제도 • 남성의 육아휴직 적극 장려 및 표창(육아휴직률 매년 100% 달성) • 업무 인수인계의 철저, 부서 차원의 대응을 통해 육아휴직 당사자의 불안 해소
주가이제약 (中外製薬株式会社)	• 출산·육아지원을 위한 전용 사이트 개설 • 남성의 육아 참여 촉구: 남성 직원과 상사에게 육아휴직 촉구 메일 발송, 관리자의 지원 업무를 정리한 핸드북을 제작해 배포 • 육아휴직 후 업무복귀 지원: 면담 프로그램, 세미나 • 사업소 내 보육시설 운영 • 유연한 근무방식: 재택근무와 사무실 근무를 조합한 하이브리드 근무 • 여성 리더십 프로그램을 운영해 여성의 관리직 승진을 적극 지원

저출산에 대응하는 주요 정책 및 지원 프로그램

☐ 민간부문

구분	주요 내용
이토추상사 (伊藤忠商事株式会社)	• 육아휴직: 자녀 2세까지 • 단시간근무제도: 1일 90분, 자녀 초등학교 졸업 시까지 • 근무일 선택제도: 주중 근무일을 단축해 선택. 자녀 3세까지 • 아침형 근무제도: 오전 5시~오후 3시 근무 가능 • 사업소 내 일시 보육을 위한 탁아소 개설: 자녀 초등학교 취학 전까지 • 육아휴직 촉구: 남성 직원과 상사에게 육아휴직 촉구 메일 발송 • 여성 능력개발과 관리직 승진 지원: 해외파견 기회 부여 및 지원
지바은행 (株式会社千葉銀行)	• 임신기 휴가제도: 자녀계획휴가, 임산부지원휴가, 특정치료휴가 • 육아휴직: 자녀 2세까지. 특별한 사정이 있는 경우는 3세까지 • 단시간근무제도: 자녀 3세까지, 초등 1학년의 경우 2개월 상한 • 남성 육아참여 촉구: 육아아빠선언, 육아휴직 5일 이상 사용 시 축하금 지급 • 남성 직원과 관리직에게 육아지원 가이드북과 일·육아 양립지원 가이드북 배포 • 육아 비용 보조: 연장보육, 베이비시터, 병중·병후 아동 보육에 대한 비용 지원 • 육아휴직자의 복귀 지원 프로그램: 직장 복귀 전 월 12일 범위 내에서 단축 근무 가능, 연수 및 세미나 개최 • 여성 인재육성 프로그램 실시를 통해 관리직 승진 지원 • 유연근무제도 및 휴가제도 • 전 직원을 종합직으로 전환해 직무와 승진의 장벽 제거

세계 주요 국가 인구·경제·사회 특성

Country		인구특성					
		합계 출산율 (명)	합계 출산율 (명)	합계출산율의 연평균 변화율2) (%)	인구수 (만 명)	조혼인율 (천 명당, 명)	총인구대비 이민자비율 (%)
		2015년	2021년	2015년~ 2021년	2022년	2020년	2020년
아시아	대한민국	1.24	0.81	-6.8	5,163	4.2	3.0
	이스라엘	3.09	3.00	-0.5	955	5.3(2019)	24.5
	일본	1.45	1.30	-1.8	12,512	4.3	2.2
	중국	1.67	1.16	-5.9	141,218	9.6(2012)	0.1
오세아니아	뉴질랜드	1.99	1.64	-3.2	512	3.3	29.1
	호주	1.79	1.70	-0.9	2,598	3.1	30.3
북미	미국	1.84	1.66	-1.7	33,329	5.1	15.6
	캐나다	1.60	1.43	-1.9	3,893	4.4(2018)	22.2
중남미	멕시코	2.14	1.82	-2.6	12,750	2.6	0.9
	칠레	1.74	1.54	-2.0	1,960	3.2(2019)	8.4
	코스타리카	1.79	1.53	-2.6	518	3.7	10.1
	콜롬비아	1.86	1.72	-1.3	5,187	-	3.7
남서유럽	그리스	1.33	1.43	1.2	1,057	2.9	13.1
	네덜란드	1.66	1.62	-0.4	1,770	2.9	14.2
	독일	1.50	1.58	0.9	8,408	4.5	18.6
	룩셈부르크	1.47	1.38	-1.0	65	2.9	47.3
	벨기에	1.70	1.60	-1.0	1,167	2.8	17.5
	스위스	1.54	1.51	-0.3	877	4.1	29.1
	스페인	1.33	1.19	-1.8	4,762	1.9	15.0
	아일랜드	1.85	1.72	-1.2	509	1.9	17.6
	영국	1.80	1.53	-2.7	6,697	3.7(2019)	14.3
	오스트리아	1.49	1.48	-0.2	904	4.4	19.5
	이탈리아	1.36	1.25	-1.4	5,886	1.6	11.0
	포르투갈	1.31	1.35	0.5	1,038	1.8	9.7
	프랑스	1.93	1.80	-1.1	6,794	2.2	13.0

인구특성	경제특성			사회특성			
고령화율 (65세 이상, %)	1인당 GDP (2015년 실질달러)	경제활동 참가율 (15~64세)	실업률 (%)	여성관리자 비율3) (%)	경제활동 참가율 (15~64세, 여성)	지니계수 (100= 완전불평등)	고숙련근로자 이민매력도4) (10점 만점)
2022년	2022년	2021년	2022년	2019년	2021년	2018년	2021년
17.5	33,645	69.0	2.8	12.3	60.1	31.4(2016)	4.4
12.0	42,594	71.0	3.5	34.5(2017)	69.0	39.0(2016)	5.5
29.9	36,032	80.6	2.6	13.2	73.8	33.9(2015)	3.8
13.7	11,560	75.8	4.9	–	70.8	38.5(2016)	5.5
16.3	42,272	81.9	3.3	–	78.0	34.9(2015)	7.1
16.9	60,798	78.8	3.7	36.6(2016)	74.8	34.4(2015)	7.1
17.1	62,867	72.1	3.6	40.9	67.0	41.4(2018)	7.9
19.0	44,910	79.4	5.2	–	76.1	33.3(2017)	7.0
8.3	9,756	64.3	3.3	35.5	48.4	45.4(2018)	4.8
13.0	14,358	64.3	7.8	26.5	53.8	44.4(2018)	7.7
10.8	13,374	68.2	11.5	–	56.6	–	–
9.0	6,858	69.5	10.7	–	57.1	51.3	4.6
22.8	20,168	66.5	12.2	29.8	59.4	32.9(2018)	3.6
20.3	49,980	82.3	3.5	26.0	78.8	28.1(2018)	8.0
22.4	43,032	78.9	3.0	28.6	75.2	31.9(2016)	6.5
15.0	107,660	74.1	4.7	16.1	71.2	35.4(2018)	7.9
19.7	44,076	70.2	5.6	31.9	66.5	27.2(2018)	5.5
19.3	88,464	83.6	4.2	32.5	79.6	33.1(2018)	9.1
20.3	27,435	73.8	13.0	33.7	69.7	34.7(2018)	5.8
15.1	98,562	74.5	4.4	31.3	69.8	31.4(2017)	7.4
19.2	47,232	77.4	3.6	34.9	74.4	35.1(2017)	6.4
19.8	47,043	77.8	4.7	32.0	73.5	30.8(2018)	6.4
24.1	32,903	64.7	8.1	23.3	55.7	35.9(2017)	4.0
22.9	22,113	75.2	5.8	37.0	72.9	33.5(2018)	5.2
21.7	38,914	73.8	7.4	34.2	71.2	32.4(2018)	5.5

세계 주요 국가 인구·경제·사회 특성

Country		인구특성					
		합계 출산율 (명)	합계 출산율 (명)	합계출산율의 연평균 변화율2) (%)	인구수 (만 명)	조혼인율 (천 명당, 명)	총인구대비 이민자비율 (%)
		2015년	2021년	2015년~ 2021년	2022년	2020년	2020년
북유럽	노르웨이	1.73	1.55	-1.8	546	3.3	15.4
	덴마크	1.71	1.72	0.1	590	4.9	12.5
	스웨덴	1.85	1.67	-1.7	1,049	3.6	19.8
	아이슬란드	1.81	1.82	0.1	38	5.0	17.5
	핀란드	1.65	1.46	-2.0	556	4.0	6.7
동유럽	라트비아	1.70	1.57	-1.3	188	5.6	14.0
	리투아니아	1.70	1.36	-3.7	283	5.5	4.9
	슬로바키아	1.40	1.63	2.6	543	4.4	3.4
	슬로베니아	1.57	1.64	0.7	211	2.5	11.0
	에스토니아	1.58	1.61	0.3	134	4.6	16.1
	체코	1.57	1.83	2.6	1,053	4.2	4.2
	튀르키예	2.15	1.70	-3.9	8,534	5.8	6.9
	폴란드	1.29	1.33	0.5	3,756	3.8	2.2
	헝가리	1.44	1.59	1.7	968	6.9	5.6
Sources		OECD	OECD	OECD 자료 활용 직접 계산	World Bank	OECD	UN

자료: 각 항목별 하단의 자료출처 참고; OECD, Family Database; World Bank, National Accounts Data; UN, International Migrant Stock; IMD, World Competitiveness Yearbook 2021.

주: 1) 국가 나열 순서는 각 대륙별로 국가명의 가나다순.
2) 2015년과 2021년의 복합연간성장률(CAGR)로 계산.
3) 각국 전체 중간관리직 이상(seneor and middle management) 근로자 중 여성이 차지하는 비중.
4) 외국인 고숙련근로자(foreign highly-skilled personnel)이 느끼는 근무환경(business environment) 매력도.
5) 자료 내 (   )은 해당 값의 조사년도.

인구특성	경제특성			사회특성			
고령화율 (65세 이상, %)	1인당 GDP (2015년 실질달러)	경제활동 참가율 (15~64세)	실업률 (%)	여성관리자 비율3) (%)	경제활동 참가율 (15~64세, 여성)	지니계수 (100=완전불평 등)	고숙련근로자 이민매력도4) (10점 만점)
2022년	2022년	2021년	2022년	2019년	2021년	2018년	2021년
18.4	79,639	79.9	3.2	32.8	77.6	27.6(2018)	7.1
20.5	60,113	79.4	4.2	26.6	76.3	28.2(2018)	7.0
20.2	55,482	82.8	7.4	41.9	80.7	30.0(2018)	6.4
15.3	55,887	84.9	3.8	44.0	82.1	26.1(2017)	5.1
23.3	47,088	78.7	6.8	36.8	77.2	27.3(2018)	4.8
21.9	16,947	76.6	6.4	43.5	73.9	34.5	4.6
20.8	18,367	78.8	5.6	38.6	77.8	35.7(2018)	5.1
17.0	18,876	75.1	6.1	33.3	71.2	25.0(2018)	2.6
21.0	26,067	75.7	4.2	40.5	73.4	24.6(2018)	3.1
20.6	21,207	78.9	5.9	35.1	76.7	30.3(2018)	5.6
20.6	20,540	76.8	2.4	26.6	69.8	25.0(2018)	4.5
8.6	13,991	56.3	10.0	17.5	36.7	41.9	3.2
18.6	16,705	72.9	2.6	41.2	66.2	30.2(2018)	3.3
20.0	16,289	76.1	3.4	35.9	71.2	29.6(2018)	3.6
World Bank 자료 활용 직접 계산	World Bank	World Bank	World Bank	IMD	World Bank	IMD	IMD